VOUS SOUVENEZ-VOUS DE PACO?

EXBRAYAT

VOUS SOUVENEZ-VOUS DE PACO ?

PARIS
LIBRAIRIE DES CHAMPS-ÉLYSÉES

© EXBRAYAT et LIBRAIRIE DES CHAMPS ÉLYSÉES, 1958

Tous droits de traduction, reproduction, adaptation,
représentation réservés pour tous pays.

Agenouillée, la tête dans ses mains, elle priait de toute son âme.

A cette heure, il n'y avait pas grand monde dans l'église de Nuestra Señora de los Reyes. Les traces de l'incendie de 1936 rendaient plus sensible la présence d'un Dieu pitoyable aux souffrances de sa créature. Elle se sentait en confiance, elle se sentait chez elle dans cette pénombre où, à la lueur tremblotante des cierges, glissaient des ombres dévotes. Elle s'installait toujours à la même place, près du tombeau de San José Oriol. Bien qu'elle ne relevât point de cette paroisse, elle était une des plus fidèles parmi les fidèles. Don Jacinto, le sacristain, la connaissait de vue depuis longtemps et la tenait pour quelqu'un de bien.

Le sacristain reconnaissait à leur allure, de loin, les habitués des offices du matin, la bonne et solide troupe du Seigneur. Puis, au cours des heures qui suivaient, don Jacinto regardait arriver et repartir ceux et celles qui venaient saluer sa Vierge, entre deux travaux, comme on vient voir sa bien-aimée en passant, simplement pour lui rappeler qu'on pense toujours à elle et qu'on espère qu'elle ne vous oublie pas. Parmi ces purs, cela faisait déjà pas mal de temps que don Jacinto avait remarqué cette inconnue qui s'agenouillait, à la même heure, chaque jour, près du tombeau de San José Oriol. Dissimulé derrière un pilier, il aimait à l'observer. Celle-là, il était certain qu'elle se trouvait sur le bon chemin. Don Jacinto avait dans l'idée qu'il s'agissait de quelqu'une qui, passionnément, essayait d'entendre l'appel du Maître pour se consacrer tout entière à son service. Don Jacinto se trompait.

Elle suppliait bien le Seigneur mais c'était pour lui demander de faire revenir Paco. Paco qu'elle aimait presque depuis qu'ils s'étaient rencontrés pour la première fois, Paco qui lui avait promis de l'emmener loin de Barcelone pour recommencer à vivre, Paco dont elle était sans nouvelles depuis plusieurs jours. Paco sans qui elle ne se sentait plus le courage de continuer...

CHAPITRE PREMIER

Nina était convaincue que le seul susceptible de lui donner des nouvelles de Paco, sans aller immédiatement tout raconter à Villar, était Joaquin Puig. Nina méprisait Puig comme les autres, comme tous ceux qui faisaient partie de la meute d'Ignacio Villar, cependant il s'affirmait quand même celui qui la traitait avec le plus de courtoisie, peut-être parce qu'il l'aimait en silence? Mais elle le savait lâche et, de ce fait, capable de toutes les trahisons. Personne ne devait se douter qu'elle s'intéressait au sort de Paco. La douceur du temps, l'éclat d'un soleil printanier semblaient faire bouillonner tout Barcelone dans une commune joie de vivre. Nina descendit la rambla del Centro sans prêter attention aux exclamations admiratives des beaux fainéants en quête d'aventures. A l'entrée de la calle Conde del Asalto, un groupe de touristes écoutait le guide leur expliquer qu'ils se trouvaient sur la frontière du « barrio chino », un des lieux les plus mal famés d'Europe et que l'agence — qu'il avait l'honneur de représenter — leur ferait visiter la nuit même au cours de la promenade intitulée « Barcelona de noche ». Sous les regards réprobateurs des Anglaises et des Hollandaises arrêtées avec leurs maris aux limites de ce monde interdit, Nina entra dans la calle Conde del Asalto.

De son côté, Juanita ne se hâtait pas de rejoindre la calle Jaime Giral, dans la vieille ville, où sa mère l'attendait. A la seule idée des gémissements qu'elle entendrait à propos de l'absence de Paco, la jeune fille sentait ses nerfs se crisper. Ce n'est pas avec des pleurnicheries qu'on ferait revenir le garçon. Juanita ne nourrissait aucune illusion sur Paco, mais elle l'aimait. Elle était certaine qu'elle finirait par le transformer en quelqu'un de bien, quelqu'un dont on pourrait ne pas avoir honte comme mari. D'ailleurs, il avait beaucoup changé ces derniers temps à son avantage. Il semblait avoir compris que rien ne valait une existence calme dans un foyer où la police ne serait pas susceptible de surgir à n'importe quel moment. Il lui avait juré que s'il entrait comme garçon au cabaret *Los Angeles y los Demonios* dans la Conde del Asalto, c'était pour y remplir une mission sur laquelle il avait refusé de s'expliquer et à laquelle elle n'avait pas trop cru. Juanita savait — comme tout Barcelone — que ce cabaret fameux apparemment dirigé par Joaquin Puig était en réalité la propriété d'Ignacio Villar, dont le bureau d'export-import servait de façade à une activité qui en faisait un des maîtres indiscutés du barrio chino.

Quant à Concha, depuis que Paco les laissait sans nouvelles, elle voyait bien que son mari se rongeait intérieurement. Miguel souffrait d'un sens aigu, maladif de ses responsabilités. Il lui tardait que le garçon revînt les voir pour que Miguel retrouvât cette sérénité dont elle ne se départissait jamais et qui la rendait froide aux yeux de ceux qui la connaissaient mal. Tout de suite, elle s'était opposée à l'entrée de Paco au service de Villar car, par son époux, elle savait l'homme habile, rusé, difficile à duper et elle avait estimé que Paco, en dépit de toute sa bonne volonté, ne serait pas de taille à venir à bout d'un individu que la police officielle guettait en vain depuis des années. Mais c'était la manie de Miguel d'imposer à ceux qu'il estimait des épreuves au-dessus de leurs forces.

Dans le bureau du commissaire Alfonso Martin, qui dirigeait les services de « la Brigada de Investigacion Criminal » à la « Jefatura Superior de Policia » via Layetana, l'inspecteur Miguel Lluji exposait une fois de plus ses inquiétudes à son chef au sujet de Paco.

— Impossible de savoir ce qu'il est devenu... Depuis six mois qu'il était entré au service de Villar, il ne passait pas quarante-huit heures sans venir chez moi pour me faire son rapport. Il y a dix jours maintenant qu'il ne s'est pas montré... J'ai peur, chef.

Le commissaire haussa les épaules.

— Inutile de se lamenter avant que nous n'ayons une preuve, mais quoi, les indicateurs savent ce qui leur pend au nez !

— Paco n'était pas un indicateur comme les autres, mais un garçon qui voulait se racheter...

— Cette femme qu'il considérait comme sa mère ?...

— Nous avions convenu, Paco et moi, que je ne me montrerai jamais dans son quartier pour ne pas risquer de donner l'éveil... J'ai tenu parole. Si on surveille cette maison, ma visite pourrait le condamner à mort.

— Alors, il n'y a qu'à attendre.

— C'est dur...

— C'est le métier qui est dur, Miguel, mais nous l'avons choisi.

Joaquin Puig ne cacha pas son étonnement lorsqu'il vit entrer Nina dans son bureau. A cette heureci, il aurait cru la vedette de son cabaret en train de se reposer pour récupérer des fatigues de la nuit. La jeune femme lui confia qu'elle était venue parce qu'elle tenait à répéter une des chansons de son répertoire, *Amor de mi alma,* dont elle ne se sentait pas complètement maîtresse. Puig qui l'accompagnait au piano la rassura en lui affirmant qu'elle avait été formidable la veille et qu'il était bien dommage que don Ignacio ait dû partir brusquement pour Madrid, car il aurait été heureux d'assister à son triomphe. Cependant, Nina ne voulut rien entendre et Puig se mit au piano pour la faire travailler un quart d'heure. Le directeur de *Los Angeles y los Demonios* nota que Nina n'avait pas commis la moindre faute, n'avait pas eu la plus légère hésitation au cours de cette chanson dans laquelle elle affirmait ne pas être encore complètement à l'aise. Qu'est-ce que cela voulait dire? Et à quoi rimait cette visite à une heure aussi insolite? Au moment où Puig, reconduisant Nina, traversait la salle où les garçons s'affairaient au nettoyage, la vedette remarqua :

— Comment se fait-il que depuis quelque temps on ne voie plus ce grand garçon brun et mince qui s'appelait... attendez... Pedro?... Non, Pancho?

— Paco.

— C'est ça! Paco.

— Il nous a quittés.

— Ah!

— Ils sont tous les mêmes! Ils veulent bien gagner de l'argent, mais pour le travail, c'est une autre histoire... Et puis, ces gens-là ne peuvent pas rester longtemps en place. Ils s'imaginent toujours qu'ailleurs ce sera mieux... Du monde pas bien intéressant, chère amie, croyez-moi.

Puig la regardait s'éloigner dans la calle del Conde de Asalta. Quelle jolie silhouette... mais pourquoi diable s'était-elle enquis de Paco? Joaquín avait l'impression qu'elle n'était venue que dans ce but. Regagnant son bureau, il se demandait s'il devait mettre Ignacio Villar au courant? Seulement, il importait de faire attention. Villar se montrait très épris de Nina et il valait mieux ne pas se faire une ennemie de cette dernière, c'est pourquoi Joaquín Puig décida de ne pas se mêler de ce qui au fond, ne le regardait pas. Et puis, que pourrait-elle jamais apprendre sur le sort de Paco?

Les nerfs brisés par l'heure qu'elle venait de passer auprès de sa mère qui pleurait Paco comme si sa mort lui avait été officiellement annoncée, Juanita retournait à son bureau de la calle de Pelayo. Il fallait qu'elle se renseigne, sinon elle allait devenir folle. Elle avait bâti tout son avenir sur Paco et si Paco ne devait plus revenir, elle resterait seule. Le plus simple, bien sûr, serait de se rendre au cabaret de *Los Angeles y los Demonios* et de demander Paco, mais il était à prévoir qu'on l'éconduirait sans rien lui apprendre car si le garçon avait été entraîné dans une vilaine histoire, on ne la prendrait pas pour confidente. Sans compter que le barrio chino n'est guère un endroit où une fille propre aimerait à être vue. Le bureau où travaillait Juanita se situait à l'angle de la calle Pelayo et de la calle Vergara où se trouvait l'affaire d'export-import d'Ignacio Villar. La jeune fille savait que celui-là seul pourrait — s'il le voulait — lui dire ce qu'il était advenu de Paco. Mais comment l'aborder? Et comment le convaincre de parler? Si elle se présentait sans autre motif que sa curiosité, elle ne serait même pas reçue. Le sentiment de son impuissance faisait trembler Juanita de rage. Comme elle avait encore quelques minutes, elle se força à passer devant les fenêtres des bureaux de Villar. Penser que derrière ces vitres vivait l'homme dont dépendait peut-être son bonheur, donnait à Juanita des envies de hurler. Elle se calma en se jurant que si Villar avait fait du mal à Paco, à son Paco, elle aurait désormais un but dans la vie : le venger.

A la seule façon dont elle l'entendit refermer la

porte, Conchita comprit que son mari n'avait toujours pas de nouvelles de Paco. D'ordinaire, lorsque l'inspecteur principal Miguel Lluji pénétrait dans son confortable appartement de la calle de Rosellon — pas très loin de cette plaza Gaudi où s'élève l'étonnante église consacrée à la Sainte Famille — dans le nouveau Barcelone, il faisait toujours claquer la porte derrière lui comme pour s'affirmer le maître d'un logis où l'attendait la meilleure des femmes.

Mais, quand, d'aventure, quelque chose tracassait Miguel, il entrait avec une discrétion qui témoignait seulement de ce qu'il avait l'esprit ailleurs. Et c'était de cette manière qu'il venait d'arriver, alors que de la vieille horloge du salon — ramenée par Concha, au moment de son mariage, de son village aragonais de Sopeira — tombaient les deux coups grêles de l'heure. Dans ces instants-là, la señora Lluji savait qu'il valait mieux ne rien dire et attendre que Miguel parlât s'il avait un souci à lui confier. Comme il franchissait le seuil de la cuisine, elle remarqua tout de suite le visage sombre de son mari et elle lui offrit de prendre un verre de manzanilla pendant qu'elle achevait les préparatifs du repas. Il accepta d'un signe de tête avant de se laisser tomber sur une chaise et de se mettre à tambouriner la table de ses doigts, ce qui, chez lui, se révélait le signe d'un énervement poussé au maximum. Concha lui tourna le dos pour se pencher sur son fourneau et ne pas être tentée de l'interroger.

Tous ceux qui les connaissaient, estimaient que Miguel et Concha formaient un couple des plus unis. Cela faisait dix ans qu'ils étaient mariés. Il

avait la trentaine lorsque, venu se reposer à Sopeira d'une blessure reçue en service commandé,
il l'avait rencontrée par l'intermédiaire d'une vieille
parente, Maria Pol, une Catalane retirée dans ce
village aragonais pour mourir le plus près possible
du monastère de la O dont la Vierge suscitait en
son cœur une ferveur particulière. Concha Cortès
avait coiffé sainte Catherine quand on lui présenta
Miguel Lluji. Grande et solide, elle avait la sévé-
rité de sa race et on la réputait davantage portée
aux choses de la religion qu'aux plaisirs de l'existence. C'est ce sérieux qui impressionna Miguel.
Mais ce qui les avait sans doute le plus rapprochés,
c'est que Miguel et Concha demeuraient seuls au
monde. Concha avait perdu ses parents très tôt et
l'oncle qui l'élevait avait été tué durant la guerre
civile. Le petit bien dont elle hérita lui permit de
vivre chichement. Sa pauvreté l'empêchait de rêver à un mariage qui l'arracherait à sa solitude aragonaise et son éducation la mettait trop au-dessus
des garçons du village pour qu'elle pût accepter
l'éventualité d'une union où tout risquait de la bles-
ser. Elle se résignait à l'enlisement, lorsque Miguel
avait surgi dans sa vie calme et monotone.

Fils unique d'un simple flic tué dans le barrio
chino un soir de rafle, Miguel était entré dans la
police par haine des truands qui avaient fait de lui
un orphelin et de sa mère, une femme de ménage
usée avant l'âge. A son tour, Miguel revêtit l'uniforme et circula la nuit dans tous les sales quartiers qui s'étalent entre le Paralelo et la caserne
d'Atarazanas. Puis il s'était acharné à l'étude pour

avoir le droit de quitter l'uniforme et devenir un agent en civil.

Sa mère mourut avant d'avoir vu son fils atteindre son but. La haine de Lluji contre toute la racaille du barrio chino s'en était accrue car il inscrivait la fin prématurée de sa mère au passif de ses ennemis. Resté seul, il se remit avec plus d'obstination encore à sa tâche et ses supérieurs — tout en reconnaissant ses qualités, en admirant son courage, en vantant son sens du devoir — s'inquiétaient un peu d'un zèle qui lui faisait transformer les missions dont il se voyait chargé en règlements de comptes personnels. Nommé inspecteur, Lluji avait demandé à être affecté au Service des Recherches criminelles, car le menu fretin ne l'intéressait pas. Il s'y fit tout de suite remarquer et son chef direct, le commissaire Alfonso Martin, tenait Miguel pour le meilleur de ses lieutenants. Au barrio chino aussi, on avait appris à connaître l'inspecteur Lluji et pas mal de truands se seraient volontiers cotisés pour lui offrir une confortable demeure au bout de l'avenue de Icaria, au cimetière. Mais Miguel semblait avoir la vie chevillée au corps et être sans cesse protégé par quelque saint catalan qui, l'ayant pris en affection, ne le quittait pas de l'œil. Des hommes furent tués près de lui sans qu'il soit touché. Deux coups de couteau, une balle dans la cuisse étaient tout ce qu'il avait récolté en dix ans d'enquêtes dans le barrio chino. Son mariage avec Concha ne diminua en rien son ardeur ni n'atténua sa hargne. Tout au plus s'humanisa-t-il au point de quitter le petit logement de deux pièces où il était né, rue Moncada, dans le vieux Barcelone, pour s'installer avec sa femme dans un immeuble neuf de la rue de Rosellon où son traitement lui permettait de vivre décemment.

— Au cours de ses pérégrinations dans le barrio chino, Miguel Lluji retrouva souvent des garçons et des gamines avec lesquels il jouait jadis dans son quartier. Il les traqua comme les autres, sans pitié mais, sans que nul ne s'en rendît compte, il souffrit et y trouva une raison supplémentaire de détester les caïds ayant transformé les gentils gamins d'autrefois en voyous et les fillettes, dont il réparait de temps à autre les poupées, en filles qui, la nuit, racolaient les passants dans la calle del Cid et dans les ruelles avoisinantes. Concha, qui avait compris très vite la mentalité de son compagnon, le soutenait de toutes ses forces. Peut-être aurait-elle souhaité qu'il se détendît parfois, mais il en paraissait incapable. Dans son sommeil, toujours agité, il lui arrivait de revivre, en un cauchemar dont il ne parviendrait jamais à se débarrasser, les heures tragiques passées devant le corps de son père éventré. Alors, Concha le réveillait doucement pour lui donner à boire un peu d'eau sucrée et essuyer la sueur lui mouillant le front. La señora Lluji vivait auprès de Miguel dans une sorte de religion sévère, sans repos, qui faisait de leur foyer un refuge solide, sinon gai. Lluji aimait profondément sa femme, mais rien au monde ne pouvait le distraire de la tâche une fois pour toutes fixée. Devenu inspecteur principal, on savait qu'il serait bientôt nommé commissaire adjoint mais, au fond de son cœur, il ne souhaitait pas tellement une promotion qui l'écarterait obligatoirement d'une activité qui lui plaisait.

Parmi tous les caïds régnant sur la pègre de Barcelone, Miguel détestait Ignacio Villar plus que tous les autres, et il se disait bien résolu à ne pas accepter l'avancement promis tant qu'il n'aurait pas mis fin à la carrière de ce truand qui, jusqu'ici, protégé par des gens puissants, s'était montré plus habile que toute la police de Barcelone. Aux yeux de Lluji, Villar s'affirmait un défi constant à cette loi dont il se voulait un des serviteurs les plus zélés. Obscurément, cela tournait à la hantise chez lui. Villar finissait par incarner à ses yeux le mal et, petit à petit, une certitude s'ancrait dans son esprit : à savoir que si Villar disparaissait, Barcelone respirerait mieux un air plus pur. Depuis cinq ans, Miguel cherchait le moyen d'abattre son ennemi. Don Ignacio, mis au courant de l'obstination de ce policier, s'en était d'abord amusé. Il y avait, en effet, quelque chose d'assez farce dans l'entêtement de ce bonhomme qui n'hésitait pas à s'en prendre à des gens qui pouvaient le démolir en un clin d'œil. Puis, peu à peu, don Ignacio dut convenir que ce policier devenait gênant : plusieurs de ses hommes avaient été arrêtés et cela lui avait coûté cher de les faire relâcher grâce à des avocats douteux dont la conscience ne se montrait pas à la hauteur du talent. Lorsque Villar fut convaincu que Lluji ne le laisserait jamais tranquille, il essaya de l'acheter. Il ignorait que nulle fortune au monde n'aurait pu payer ce qui s'avérait l'existence même du policier, sa raison de vivre. Irrité par son échec, don Ignacio usa de ses influences pour faire muter

Miguel, mais là, il se heurta au commissaire Martin qui fit savoir en haut lieu que l'inspecteur Lluji était indispensable à ses services et que l'hypothétique départ d'un policier remarquablement noté serait très défavorablement commenté par ses camarades et par tous ceux qui, de près ou de loin, touchaient à la brigade d'Investigation criminelle. Enfin, don Alfonso avait prévenu Miguel afin qu'il se tînt sur ses gardes. L'inspecteur remercia, mais ne voulut rien changer à sa manière d'agir et continua d'aller rôder dans le barrio chino, tournant autour de *Los Angelos y los Demonios,* interrogeant celui-ci, menaçant celui-là, cherchant toujours la piste qui le mènerait à la preuve des activités criminelles d'Ignacio Villar. Sitôt que le policier tournait le dos, on courait prévenir ceux qu'on savait être des familiers de don Ignacio, afin que ce dernier soit mis au courant des questions posées par le flic. Bien que ses précautions fussent prises de telle façon qu'il savait n'avoir rien à craindre, Villar — sans trop se l'avouer — s'inquiétait. Habitué à être obéi, à voir ses moindres volontés respectées, il s'exaspérait de ne pouvoir venir à bout d'un petit fonctionnaire qui gagnait à peine quelques centaines de pesetas par mois. Pour la première fois de sa vie, don Ignacio rencontrait sur sa route un homme qui se moquait de l'argent, il en était désorienté.

La vraie raison de la haine de Miguel pour Villar tenait à ce que l'inspecteur soupçonnait don Ignacio d'avoir participé au meurtre de son père. A l'époque, le caïd d'aujourd'hui n'était qu'un débutant, un de ces maigres voyous qui dorment le jour et qui, dès la tombée de la nuit, commencent à rôder dans le barrio entre la Santa Madrona et la Conde del Asalto, le Paralelo et la rambla de Santa Monica. Dans les rapports de police découverts aux archives, Lluji avait lu que Villar comptait parmi les spectateurs entendus pour témoigner de ce qu'ils savaient du crime perpétré sous leurs yeux. Ignacio — qu'on ne songeait pas alors à appeler don Ignacio — avait été retenu plus longtemps que les autres, parce qu'on avait relevé des traces de sang sur ses mains et sur son gilet, mais il avait répondu qu'il s'était sali en voulant porter secours au mourant. Naturellement, des tas de gens au casier judiciaire chargé confirmèrent ses dires et on dut le relâcher bien qu'il fût alors au service de Juan Gregorio, un trafiquant de drogue ayant un vieux compte à régler avec Enrico Lluji — le père de Miguel — qui, sans se soucier de la situation de Gregorio, l'avait arrêté un jour pour infraction grave aux règles de la circulation. Depuis, Juan Gregorio était mort riche et honoré. On pensait que Villar lui avait succédé.

Pour si entêté qu'il se voulût, l'inspecteur Miguel Lluji commençait à désespérer de triompher d'Ignacio Villar lorsque Paco Volz était entré dans le jeu.

La première fois que l'inspecteur Lluji mit la main au collet de Volz, en train de subtiliser le portefeuille d'un touriste anglais dans la calle Arco de Teatro, Paco ne comptait guère plus de dix-neuf ans. Mû par un sentiment inhabituel, Miguel avait laissé filer le jeune homme, non sans lui botter vigoureusement le derrière. Lluji n'oubliait jamais

un visage et lorsque, cinq ans plus tard, Paco —
appréhendé au cours d'une rixe dans un bistrot de
la calle del Olmo où il y avait eu mort d'homme
— lui fut amené dans son bureau, il le reconnut
tout de suite. Au cours de l'interrogatoire qui suivit,
le policier avait été frappé par les réponses de
Paco Volz. Le garçon ne devait pas être complètement pourri. Plutôt une inaptitude à se créer une
place honnête dans la société que la volonté arrêtée
de subsister en marge et selon les lois du milieu.
Sans doute était-il possible de le faire vivre en
dehors du barrio... Mis en confiance par ce policier
au visage dur, mais dont il se rappelait qu'il lui
avait déjà sauvé la mise, Paco se confessa. Né dans
le barrio de père inconnu et d'une femme qui gagnait
sa vie et celle de son gosse avec les hommes qui
voulaient bien d'elle pour un moment, Paco grandit
dans cette sanie et c'était miracle qu'il ne fût
point complètement perverti. Contrairement à ce
qu'on pouvait attendre d'une pareille éducation,
Paco rêvait d'une existence tranquille. Il avait trop
vécu dans la puanteur et les cris du fameux
quartier. Maintenant, il aspirait au calme. Devenir
un commis aux écritures dans une quelconque administration semblait être son vœu le plus cher, ce
qui témoignait à la fois de la médiocrité de ses
ambitions et de son ardent désir d'échapper au
milieu qui, jusqu'ici, avait été le sien. Malheureuse-
ment, il ne savait rien faire, sinon — métier qui
n'a de nom dans aucune langue du monde — trans-
mettre des billets de celui-ci à celle-là, avertir un-
tel qu'un-tel souhaitait le rencontrer, guider des
étrangers dans la visite de Barcelone, faire l'inter-

médiaire dans des marchés répugnants où il touchait un léger pourcentage, colporter les nouvelles. Tout cela joint à une paresse naturelle le portant à juger la sieste une des plus belles inventions humaines, expliquait qu'à vingt-quatre ans Paco symbolisait le type même du fainéant qu'on voit traîner à de multiples exemplaires dans tous les ports méditerranéens et que seule la couleur de leurs haillons ou de leurs costumes trop bien ajustés différencient les uns des autres. Volz était de plus très joli garçon et s'il ne l'avoua pas à Lluji, ce dernier n'eut aucune peine à se persuader que Paco devait tirer de substantiels avantages d'un physique hors du commun.

Cependant, Paco Volz ne se trouvait pas complètement isolé dans l'existence, car il considérait comme sa mère une femme de près de soixante-dix ans qui l'avait recueilli à la mort de sa vraie mère. Cette vieille avait été, elle aussi, une fille folle dans sa jeunesse, mais l'affection d'un ouvrier plombier l'avait arrachée au barrio chino pour la transformer en une bonne ménagère, fidèle et travailleuse, dont le petit logement de la calle Jaime Giral était devenu tout l'univers, un univers qu'elle s'acharnait à tenir d'une propreté impeccable. La poussière se révélait sa seule ennemie et elle passait le plus clair de son temps à laver, balayer, frotter. De ses amours régulières, elle avait eu, sur le tard, une fille, Juanita, qu'elle sut élever dans les bons principes et qui, pour l'heure, occupait un emploi de sténo-dactylo dans une entreprise de la calle Pelayo. Cette vieille femme se nommait Dolorès Callas. En dépit de sa tendresse pas assez sévère, elle avait moins bien réussi avec Paco qu'avec Juanita et n'avait pu empêcher le garçon de retourner au barrio, ayant gardé de son existence ancienne un respect inné de l'homme et une soumission de tous les instants au mâle de la maison. Elle ne se mettait vraiment en colère que lorsqu'on salissait son parquet ou qu'on tachait ses meubles. Toutefois, Paco venait régulièrement passer le dimanche auprès d'elle et de celle qu'il considérait comme sa sœur cadette. A vingt-quatre ans, Paco se rendait compte qu'avec son travail régulier et sa paie mensuelle, Juanita — sa cadette de trois ans — était plus heureuse que lui et c'est surtout l'exemple de la jeune fille qui lui donnait envie de changer son genre d'existence. Seulement, il n'avait guère de volonté, pas beaucoup de courage et on pouvait craindre que ses bonnes intentions restassent toujours à l'état de projets.

Au grand étonnement de Volz qui pensait qu'une fois encore — après leur conversation familière — Lluji allait lui donner une nouvelle chance, l'inspecteur le fit mettre en prison mais l'attendait sur le trottoir lorsque, un mois plus tard, il en sortit.

Miguel emmena Paco chez lui et le présenta à Concha qui se montra aussi aimable que son caractère le lui permettait et Volz fut intimidé par cette belle femme grave qui ne semblait pas savoir sourire. Son respect pour le policier s'en accrut. Les Lluji n'avaient pas d'enfant et la jeunesse de Paco mit un peu de gaieté dans l'appartement de la calle de Rosellon. Après un bon déjeuner et tandis qu'ils prenaient le café, Miguel attaqua son hôte.

— Ecoute, Paco : j'ai parlé de toi à mon chef, le commissaire Martin. Comme moi, il est décidé à te faire confiance, à t'aider à reprendre ta place parmi les hommes mais, avant, il faut que tu nous prouves que tu es quelqu'un sur qui on peut compter pour bâtir quelque chose de solide.

— Que dois-je faire?

— Nous aider à coincer Ignacio Villar.

Le garçon faillit s'étrangler avec le café qu'il buvait et quand il reprit sa respiration ce fut pour s'écrier :

— Mais personne ne pourra jamais abattre Ignacio Villar !

— Si, moi ! A condition que tu me donnes un coup de main.

Paco regarda longuement le visage résolu du policier, revit par la pensée celui de don Ignacio et arriva à cette conclusion que l'inspecteur pourrait bien, en effet, gagner la partie.

— De quelle façon puis-je vous être utile?

— En regagnant le barrio et en t'arrangeant pour entrer au service de Villar.

— Pour le trahir?

La réaction plut à Miguel.

— Si tu signales au maire de ton village que tu as connaissance du gîte où se tient le sanglier qui ravage les récoltes, est-ce que tu trahis le sanglier?

— Tout de même, don Ignacio n'est pas un animal !

— Il est pire, parce que lui, le mal, il le fait sciemment !

C'est à ce moment que Concha était — contrairement à son habitude — entrée dans la conversation.

Elle donna un avis qu'on n'avait pas sollicité pour dire qu'il lui paraissait dangereux de charger un garçon si jeune d'une tâche aussi redoutable, que Miguel n'avait peut-être pas le droit de pousser leur hôte à accepter une mission trop difficile pour lui. Intérieurement, Lluji estimait que sa femme raisonnait juste, mais s'irritait de ce qu'elle vînt contrecarrer ses plans. Au fond, pour l'instant, il ne pensait guère au sort de Paco. Ce qu'il voulait, c'était Villar. Or, contrairement à ce qu'il craignait, l'intervention de Concha, loin de fournir un alibi à Paco pour décliner la proposition faite, sembla piquer le garçon au vif. Il eut l'impression que cette femme le considérait comme un gamin et, par bravade, il tint à lui montrer qu'elle se trompait lourdement à son sujet. Il accepta l'offre de l'inspecteur et se fit fort de venir à bout de don Ignacio plus vite que certains ne se l'imaginaient. Concha se tut et on convint que Volz — moins suspect aux yeux de Villar du fait qu'il sortait de prison — irait demander à Joaquin Puig de l'engager, car Lluji était persuadé que le cabaret *Los Angeles et los Demonios* constituait le quartier général de tout le sale trafic que don Ignacio présidait.

Avant d'en parler à Paco, Miguel s'était ouvert de ses projets à son ami et protecteur Alfonso Martin, qui l'avait écouté attentivement avant de dire :

— C'est une aventure où le garçon risque de laisser sa peau, Miguel ?

— Bien sûr, chef, mais on ne fait pas d'omelette sans casser les œufs.

— Tu n'as donc jamais pitié, Miguel?

— Jamais! Personne n'a eu pitié de mon père, don Alfonso. Personne n'a eu pitié de ma mère ni de moi. Pourquoi voudriez-vous que j'aie pitié des autres?

— Tu hais Villar, n'est-ce pas?

— Comme nous tous, chef.

— Non, Miguel, plus que nous tous.

— Peut-être...

— Pas peut-être, Miguel, sûrement!

— Et alors?

— Rien... Fais attention, seulement, à ce que ta haine ne prenne jamais le pas sur ton devoir, qu'elle ne te fasse pas oublier par exemple, que ce Paco Volz a le droit de vivre comme tout le monde a le droit de vivre. Ceci dit, je te donne carte blanche, à condition de ne pas engager la responsabilité du service. Si tu parviens à avoir Villar, je t'inscrirai d'office, que cela te plaise ou non, sur le tableau d'avancement au choix et en bonne place. D'ailleurs, même si tu échoues, je t'y collerai sur le tableau d'avancement, Miguel, parce qu'il y a assez long-temps que tu vis sur tes nerfs. Un commissariat de quartier te fera beaucoup de bien en attendant que tu viennes me rejoindre et, qui sait? me succéder. Et puis, il y a doña Concha, pour qui j'ai la plus grande estime...

— Que voulez-vous dire, don Alfonso?

— Miguel, je suis ton aîné de quinze ans et je t'aime bien depuis si longtemps que nous nous con-naissons. Tu fais mener à ta femme une existence trop sévère. Elle est encore jeune, que diable! Tu ne la sors jamais!

— Elle se trouve heureuse chez elle, don Alfonso. Concha est une Aragonaise. Si l'existence qu'elle mène ne lui convenait pas, il y a longtemps qu'elle me l'aurait appris et qu'elle vivrait à sa guise, que cela me plaise ou non, en dépit de la profonde affection qui nous lie.

— Alors, oublie ce que je t'ai raconté et présente-lui mes hommages en lui rappelant que ma femme et moi serions très heureux de vous recevoir à dîner un de ces très prochains jours.

Cela remontait à un peu plus de six mois. Paco, embauché par Joaquin Puig, avait su patiemment gravir les échelons dans la confiance de ses patrons. Les policiers facilitèrent sa tâche en lui donnant l'occasion de se signaler à l'attention de Villar, auquel il évita quelques légers accrocs dont il le prévint à temps. Martin et Lluji étaient résolus à payer le prix. Volz prit soin de ne rien modifier à ses habitudes, continuant à aller chez sa mère adoptive une fois par semaine et il resta presque deux mois sans oser se risquer dans les quartiers neufs où habitaient les Lluji. Quand il fut certain d'être bien en place et que toute méfiance eût cessé à son égard, il se rendit plus souvent chez l'inspecteur, mais en prenant toutes les précautions nécessaires.

Dix jours plus tôt, Paco était arrivé chez les Lluji pour annoncer triomphalement qu'il se croyait sur le point d'aboutir. Le hasard lui avait permis de surprendre une conversation entre Villar et Puig, où il était question d'un convoi de danseuses qu'on devait diriger sur l'Amérique du Sud. Don

Ignacio et Joaquin attendaient le « convoyeur » pour régler les détails du voyage et Volz se promettait d'apprendre ce soir-là suffisamment de choses pour que la police prît toute la bande dans ses filets.

Depuis, Paco n'avait plus reparu. Au début, Miguel crut que le garçon redoublait de prudence, mais les jours passèrent et lorsque la semaine fut écoulée, Lluji commença à être inquiet. Maintenant, il ne conservait plus grand espoir de revoir Volz. Quand à Villar, ce ne serait sans doute pas encore cette fois qu'il aurait la joie de lui passer les menottes.

En face de sa femme, Miguel mangeait sans trop prendre garde à ce qu'elle lui servait. Parce que c'était dans sa nature de ne jamais s'avouer vaincu, Concha affirma :

— Tu as tort de désespérer, Miguel, il reviendra.

Il haussa les épaules et, d'une voix tendue :

— Non. Concha mia, il ne reviendra plus... Ils ont dû le découvrir... Je ne sais pas ce qu'ils ont fait de lui, mais quand je le saurai...

Les veines de son front se tendirent comme des cordes sous la houle de fureur qui le soulevait, tandis que ses poings se crispaient. Doña Concha posa doucement sa main sur la sienne, en murmurant :

— Moi, j'espère...

Il ne put s'empêcher, malgré la colère et le chagrin qui lui brouillaient la vue, de la regarder avec admiration : rien, jamais, n'abattrait Concha.

CHAPITRE II

Cela faisait maintenant trois semaines que Paco n'avait plus donné de ses nouvelles. En se rendant calle Jaime Giral pour voir la mère adoptive de Volz, Concha Lluji était tombée sur une vieille femme en larmes qui acceptait la disparition de Paco et ne mettait déjà plus ses espérances que dans une réunion extra-terrestre. La femme de l'inspecteur n'avait pu rencontrer Juanita qui se trouvait à son bureau. A son tour, Concha commençait à admettre l'éventualité de la disparition définitive de Paco, mais, pour son mari, elle feignait encore une confiance à laquelle elle ne croyait plus.

Pour sa santé, Miguel Lluji s'obligeait à une promenade biquotidienne à travers le Barcelone qu'il aimait avant de rejoindre son bureau.

En sortant de chez lui, le policier gagnait la place

Gaudi, où il jetait un coup d'œil toujours aussi étonné sur l'église de la Sainte Famille, commencée depuis 1884, et qu'on ne terminait pas, comme si les responsables hésitaient à achever cet édifice rappelant les délires d'un autre Catalan fameux, Salvador Dali. De la place, Miguel, par la calle de Mallorca, atteignait la Tetuan d'où, en empruntant le pasero de San Juan, il gagnait les limites de la vieille ville, dans laquelle il s'enfonçait par la calle del Commercio et la calle de la Princeza. L'animation bon enfant de ces quartiers l'enchantait. Il s'y sentait beaucoup plus à l'aise que dans la ville neuve, à laquelle il reprochait une froideur, une impersonnalité qui le gênaient. Lluji connaissait beaucoup de monde et il était rare qu'il fît plus de quelques pas sans être arrêté par celui-ci ou celui-là, qui s'enquéraient de sa santé, lui racontaient leurs misères avant de l'assurer d'une amitié indéfectible avec cette verve ensoleillée interdisant d'attacher aux mots une trop grande importance. Mais, ce jour-là, l'inspecteur ne voulait voir personne, n'avait envie de bavarder avec personne. Il ne pensait qu'à Paco, il ne voulait penser qu'à Paco.

Comment s'étaient-ils débarrassés de lui? Et pourquoi n'avait-on pas retrouvé son corps? Mais Miguel connaissait assez le barrio pour se rappeler qu'on y savait admirablement faire disparaître les gêneurs sans laisser aucune trace derrière soi. Mâchonnant le cigare qu'il avait oublié d'allumer, il tournait et retournait sans cesse dans sa tête la seule question qui désormais le préoccupait : qui avait tué Paco? Il fallait qu'il identifie le meurtrier et n'aurait aucun repos avant qu'il ne soit arrivé à une certitude. Alors, mais alors seulement, il aurait l'assassin et le tuerait de ses propres mains, même si cela devait lui coûter sa carrière. Il y avait trop longtemps que sa famille et lui encaissaient des coups sans pouvoir les rendre. Aucun avantage matériel n'était capable d'éteindre cette soif de vengeance qui depuis toujours brûlait le cœur de l'inspecteur Miguel Lluji.

Dans la calle Princeza débouche la calle Moncada, la rue où Miguel était né, où il avait vécu la plus grande partie de son existence. Il la suivait d'un bout à l'autre, adressant quelques mots aimables à des gens âgés qui l'avaient connu enfant et qui, parfois, venaient le prier de leur rendre un service administratif, car la plupart, ne sachant ni lire ni écrire, perdaient pied devant les paperasses qu'on leur adressait. Lorsque aucune affaire pressante n'exigeait sa présence au bureau, Lluji s'arrêtait chez une vieille bonne femme que tout le quartier appelait la Viuda — et ce d'aussi loin que Lluji se souvenait — et qui le gardait lorsqu'il était un gamin pas encore en âge d'aller à l'école tandis que sa mère se rendait à son travail. L'inspecteur grimpait les marches branlantes pour venir toquer à la porte du réduit qu'occupait sa plus ancienne amie. Il prenait une tasse de café en sa compagnie, tout en évoquant les morts qu'ils avaient connus et il ne partait jamais sans laisser quelques pesetas dans la pauvre main fripée qui, si souvent, l'avait calotté.

Lluji ne monta pas chez la Viuda. Il ne pouvait pas s'intéresser aux ennuis des autres. Lancinante, une question battait en sa tête, scandant sa marche : qui a tué Paco? Sans aucun doute, Villar se révé-

lerait l'instigateur du crime, mais quel avait été
l'agent d'exécution? Puig était trop lâche pour commettre un meurtre. Usé, fini, il ne souhaitait plus
qu'une chose : vivre tranquillement dans l'ombre de
don Ignacio. Pas un tueur. Par contre, les trois
hommes qui depuis quelques années formaient la
garde permanente de Villar s'avéraient capables de
tuer leur propre mère pour quelques billets de cent
pesetas. Mais, dans ce trio, qui avait assassiné
Paco? Antoine Ribera, le Madrilène, dont la grâce
d'ancien toréro faisait encore battre les cœurs fati-
gués du barrio? Juan Miralès, cette énorme brute
à l'intelligence embrumée par les coups reçus au
cours de sa carrière de boxeur sur les rings des Astu-
ries? Malgré lui, Lluji pensait que ces deux voyous
n'étaient que des médiocres incapables de la moindre
initiative. Non, le plus dangereux, le plus impitoyable demeurait l'Andalou qu'Ignacio Villar semblait avoir pris pour homme de confiance depuis
deux ans. Il répondait au nom d'Esteban Gomez.
La police qui n'ignorait pas que Puig se droguait,
que Milarès était un ivrogne, Ribera un inverti,
n'avait jamais rien pu découvrir au sujet d'Esteban
Gomez. On savait seulement qu'il venait de Séville,
qu'avant la guerre civile, il tenait l'emploi de mayo-
ral chez un grand éleveur des plaines marécageuses
de Guadalquivir, mais entre ce moment et celui où
il était apparu dans le barrio, le mystère total.
Celui-là, si on lui avait donné l'ordre de tuer Paco,
il avait obéi sans la moindre hésitation.

Miguel flânait dans la calle de Platerias, qui le
mènerait à la via Layetana où se trouvait la Jefatura
Superior de Policia. Il n'éprouvait aucune envie de

retourner dans son bureau, car il se sentait incapable de s'intéresser à autre chose qu'au sort de Paco et ses sous-ordres suffisaient pour régler les petites affaires en cours. Mais où aller? Qui interroger pour tenter d'apprendre quelque chose? Puig rentrerait dans sa coquille et opposerait son sourire hypocrite à toutes les questions qui lui seraient posées. Il n'était rien d'autre, n'est-ce pas, que le directeur de *Los Angeles y los Demonios,* et s'il était vrai que Villar possédait de gros intérêts dans le cabaret, lui, Puig, ne pouvait absolument rien savoir de l'activité de don Ignacio qui ne le prenait pas pour confident. Monsieur l'inspecteur devait le comprendre...

Rien qu'à évoquer cette voix douceâtre et ce sourire de larbin, Lluji avait mal au cœur. Où trouver Ribera, Miralès, Gomez? D'ailleurs, eux non plus ne diraient rien, car, si pourris qu'ils fussent, ils étaient d'une autre trempe que Joaquin Puig. C'est lorsqu'il fut parvenu à ce point de son raisonnement que l'inspecteur Miguel Lluji décida brusquement de rendre visite à Ignacio Villar. Sans doute, cela risquait de mettre le feu aux poudres, d'attirer de sérieux ennuis au policier, de mécontenter gravement le commissaire Martin, mais Miguel ne supportait pas cette inactivité qui lui brisait les nerfs.

Le hall d'attente du somptueux ensemble qui servait de siège social à « I. Villar & Compania, Export-Import », grouillait de jolies filles attirées par l'annonce parue le matin même dans le journal et disant que « I. Villar & Compania » cherchait une secrétaire rompue aux difficultés du métier. La plu-

part de ces demoiselles étaient de compétence fort
médiocre et comptaient sur tout autre chose que
leurs connaissances commerciales pour être agréées
et entreprendre une carrière qui les écarterait vite
de la machine à écrire et du bloc de sténo. Presque
toutes portaient des toilettes tapageuses et prenaient
grand soin d'exhiber des jambes gainées de nylon.
Elles trompaient leur ennui en se confiant mutuel-
lement leurs prouesses passées et la malchance qui
les avait jusqu'ici accablées. Tout en chuchotant,
elles s'observaient d'un œil impitoyable, pour juger
leurs chances de triompher les unes des autres. De
temps en temps, elles s'interrompaient pour se moquer d'une candidate assise à l'écart, vêtue sévère-
ment d'un corsage blanc au col fermé, d'une jupe
noire plissée et dont le nez s'ornait d'une paire de
lunettes en simili écaille qui achevait d'ôter toute
personnalité à un visage non fardé. Que pouvait-elle
bien espérer, celle-là, alors que tout Barcelone était
au courant du goût de don Ignacio pour les jolies
filles? Soudain, suspendant les conversations, la
porte d'entrée s'ouvrit devant une créature qui
semblait sortir directement de la couverture des
magazines de cinéma. Grande, mince, blonde aux
yeux noirs, elle portait une robe qu'on devinait des-
sinée ailleurs qu'à Barcelone, et sur les épaules né-
gligemment jetée, une étole de vison. Toutes les postulantes, rendues muettes par l'admiration et l'envie, contemplaient Nina de las Nieves qu'elles connaissaient bien et qu'elles rêvaient toutes de prendre
pour modèle. Elles savaient que Nina était la maîtresse en titre de don Ignacio qui en avait fait la
vedette de *Los Angeles y de los Demonios*. La jeune

femme s'arrêta un instant, amusée, pour regarder cet essaim de belles filles qui lui adressaient des sourires où elle lisait clairement une jalousie qui rendait durs les yeux les plus charmants, puis, après un bref signe de tête, poussa la porte sur la vitre dépolie de laquelle s'étalait le mot « Secretaria », traversa d'un élan le bureau désert (depuis qu'elle avait exigé de don Ignacio le départ de la secrétaire que son ami trouvait un peu trop agréable à contempler) et entra sans frapper dans le bureau de Villar.

Ignacio Villar, un homme d'une cinquantaine d'années, grand et maigre, aux cheveux gris taillés court, aux traits burinés, présentait l'allure caractéristique des acteurs jouant les hommes d'affaires internationaux sans pitié et sans scrupules. Rien qu'à voir ses yeux froids, on devinait qu'il eût été vain de vouloir l'attendrir et qu'il n'était sûrement pas recommandé de se dresser sur son chemin. Il téléphonait lorsque Nina apparut. Aussitôt, il raccrocha et, se levant, vint à la jeune femme dont il baisa la main.

— Nina, quelle surprise! Je t'imaginais encore en train de te reposer après ton magnifique succès d'hier soir, qui m'a fait infiniment plaisir...

— La salle était bonne.

— La salle est toujours bonne, ma chère, lorsque celui ou celle qui l'affronte a du talent.

— Merci, Ignacio...

— Tes chansons sont remarquables, paraît-il, et nous allons faire en sorte que toute l'Espagne les fredonne bientôt.

— Ce serait merveilleux...

36

— En attendant, Nina, je doute que tu sois venue simplement pour le plaisir de me voir... Qu'est-ce qui me vaut l'agrément de ta visite?

La jeune femme tendit à don Ignacio le journal où l'annonce motivant l'afflux dans le hall d'attente était encadrée en rouge.

— Ça.

Villar se mit à rire.

— Souhaiterais-tu devenir ma secrétaire?

— Simplement t'aider à choisir celle qui sera ta secrétaire. Je ne tiens pas à ce que l'histoire recommence avec la remplaçante d'Antonina.

— Je t'assure, Nina, que tu te fais des idées et qu'il n'y avait absolument rien entre cette fille et moi.

— Je préfère t'éviter les tentations, Ignacio, car si je pense pouvoir être sûre de toi, d'elles je ne suis pas sûre du tout !

Flatté de ce qu'il voulait tenir pour une jalousie qui lui était bien agréable, Villar ne se mit pas en colère bien que d'ordinaire il n'admît pas qu'on se mêlât de ses affaires et qu'on prétendît lui forcer la main. Il prit Nina dans ses bras.

— Nina, je t'aime parce qu'il n'y a que toi pour avoir l'audace de pareilles initiatives... mais je reconnais que cela ne me déplaît pas d'être un peu bousculé par quelqu'un comme toi... Vois-y la preuve de ma tendresse, Nina mia...

Il l'embrassa légèrement sur la joue, puis, s'écartant un peu, la considéra avec admiration.

— Tu sais que tu es vraiment très belle, Nina... Il faudrait que je sois bien sot pour en préférer une autre... Tu ne ressembles plus du tout à celle que j'ai dénichée sur le Paralelo... Tu me permets d'en éprouver un peu d'orgueil? Tu es ma plus belle réussite, Nina.

C'est vrai qu'elle en avait fait du chemin, la petite débutante qui, deux ans plus tôt, arrivait de son Estramadure natal pour conquérir Barcelone. Elle s'appelait alors Magdalena Lopez, et parce qu'on lui trouvait du talent à Badajoz, elle s'imaginait qu'elle s'imposerait vite à Barcelone, où — lui avait-on assuré — on se montrait moins difficile qu'à Madrid. Elle s'était rapidement rendu compte de son erreur et elle avait passé des mois à se demander où elle coucherait le soir, comment elle mangerait le lendemain, avant de pouvoir débuter dans un des cafés-concerts du Paralelo où se côtoient le meilleur et le pire. C'est là qu'un soir Ignacio l'avait remarquée et, la confiant à des professeurs de qualité, l'avait transformée en cette Nina de las Nieves dont le nom s'étalait en lettres énormes sur tous les murs de Barcelone. Malgré son succès, elle n'oubliait pas ce qu'elle avait dû subir et, en dépit de l'existence fastueuse que lui assurait Villar, elle n'était pas heureuse. Certes, elle savait rire quand il le fallait, mais ses yeux demeuraient tristes. Une curieuse fille.

Ayant obtenu de don Ignacio la permission de choisir elle-même sa secrétaire particulière, Nina traversa le bureau vide, pénétra dans le hall et fit signe à la fille à lunettes de venir la rejoindre, ce qui provoqua un certain remous parmi les postulantes. Dans le bureau de la secrétaire, Nina pria l'inconnue fort intimidée de s'asseoir et prit place en face d'elle. En devinant l'agitation fébrile de la jeune personne, Nina se rappela ses angoisses d'autrefois quand il lui fallait affronter des impressarii dont dépendaient ses futurs repas, aussi mit-elle beaucoup de douceur dans sa voix pour demander :

— Comment vous appelez-vous ?

— Juanita Callas.

— Déjà travaillé à Barcelone ?

— Non, mais je connais bien le métier.

— Nous verrons cela tout à l'heure... Où habitez-vous ?

— A l'hôtel *Muñoz*, calle de Fernando.

— Mariée ?

— Non.

— Fiancée ?

— Non.

— Pourquoi ?

Alors cette fille terne prit une voix âpre pour dire :

— Je déteste les hommes... Mon père a tué légalement ma mère en la rouant de coups pendant des années et quand Dieu a terminé son martyre, c'est sur moi qu'il s'est mis à cogner. Il est mort il y a quelques mois.

— Vous ne portez pas son deuil ?

— Pour quelles raisons le porterais-je ?

Nina enchantée pensa que si cette Juanita s'avérait bonne secrétaire, elle pourrait dormir tranquille chez elle pour se reposer de ses fatigues nocturnes, car Ignacio n'aurait sûrement pas l'idée de faire la cour à sa nouvelle collaboratrice. Ce n'était pas que Nina tînt tellement à Villar, mais elle estimait avoir suffisamment payé le luxe dont elle profitait pour n pas admettre qu'une autre l'en évinçât, du moins tant qu'elle n'aurait pas décidé d'y renoncer. Elle se leva et passant dans une pièce contiguë, pria la señora Polchis — la plus ancienne employée de la maison et la plus capable aussi — de faire passer un examen rapide à la postulante. Il ne fallut que quelques instants à la señora Polchis pour affirmer que Juanita serait une excellente secrétaire. Un sourire aux lèvres, Nina donna l'ordre de congédier toutes celles qui attendaient dans le hall et, entrant dans le bureau de Villar, annonça triomphalement :

— Ignacio, je crois bien que j'ai trouvé une perle !

— Vraiment?

— La señora Polchis vient de la mettre à l'épreuve et se déclare enchantée.

— Oh! si Polchis est d'accord, je le suis aussi. Montre-moi cette merveille?

Nina fit venir Juanita. A sa vue, Villar ne put que murmurer :

— *Madre de Dios!*

Puis il regarda Nina, qui le surveillait ironiquement. Alors, beau joueur, il rit avant d'indiquer à sa nouvelle collaboratrice qu'elle devait se tenir dans le bureau précédant le sien, qu'il lui incomberait d'assurer son courrier personnel, de le rejoindre chaque fois que le voyant placé sur la table s'allumerait, de prendre toutes les communications téléphoniques et lui demander par l'interphone s'il était ou non disposé à répondre. Ayant donné le courrier du jour à Juanita, il la congédia après lui avoir dit de voir le señor Bautista Rech au sujet de ses appointements. Resté seul avec Nina, don Ignacio assura :

— Je t'affirme qu'il était inutile de me coller un pareil laideron !

— Comme on connaît ses saints on les honore, don Ignacio ! A ce soir ?

— Bien sûr... Après le spectacle, nous irons souper au Rigat.

En sortant de l'immeuble, Nina croisa Miguel Lluji qui y entrait mais, ne le connaissant pas, elle ne lui accorda aucune attention. Par contre, le policier, qui l'avait reconnue, la suivit longuement des yeux. Tout ce qui, de près ou de loin, vivait dans l'entourage de Villar l'intéressait et, comme tout Barcelone, il n'ignorait pas que Nina touchait à don Ignacio de très près.

Miguel Lluji fut le premier visiteur que Juanita eut à annoncer à son nouveau patron. Au temps que celui-ci mit à répondre elle devina sa surprise. Enfin, il se décida à donner l'ordre d'introduire l'inspecteur.

Jamais encore les deux hommes ne s'étaient trouvés face à face. Ils se contemplèrent longuement sans mot dire, chacun se rendant parfaitement compte de la haine de l'autre. Ils se jaugeaient. Villar devina tout de suite en Miguel l'adversaire dangereux qu'il avait appris à connaître, le plus dangereux qu'il eût encore rencontré. De son côté, Lluji devant cet homme froid, maître de lui, sentait qu'il entamait la bataille de sa vie. Sans attendre d'en être prié, le policier prit place dans un fauteuil. Don Ignacio remarqua sèchement :

— Généralement, inspecteur, mes visiteurs sont

assez bien élevés pour attendre, avant de s'asseoir, que je les y invite?

— Sans doute avez-vous oublié de le faire, et je ne reste debout que devant mes supérieurs.

Il y eut encore un silence, puis don Ignacio dit doucement :

— Ainsi, vous voilà, inspecteur...

— Me voilà, señor Villar... Cela devait arriver, n'est-ce pas?

— Bien sûr... Savez-vous que vous m'ennuyez depuis trop longtemps?

— Il vous faudra prendre patience, car j'ai l'intention de continuer.

— Tant que je vous le permettrai, inspecteur.

— Tant que je le voudrai, señor.

Don Ignacio se raidit :

— Vous vous croyez très fort, j'imagine?

— Je suis très fort, señor.

Villar ricana.

— Je pensais que la suffisance n'était l'apanage que des très jeunes gens ou des sots.

— Je ne suis plus très jeune, señor, et je ne suis pas non plus un imbécile, mais je sais ce que je veux.

— Peut-on savoir?

— Votre peau, señor Villar.

Don Ignacio frémit imperceptiblement, tant le calme de l'autre l'impressionnait. Mais il ne voulait pas se mettre en colère, c'eût été donner la preuve de son inquiétude.

— Joli programme... difficile à réaliser.

— J'y mettrai le temps qu'il faudra.

— A condition qu'on vous le laisse.

— Je m'arrangerai pour qu'il en soit ainsi.

Mâchoires serrées, poings crispés, ils se dévisageaient, chacun cherchant à découvrir chez l'autre la plus petite trace d'un fléchissement. Si Miguel était plus sincère, don Ignacio possédait plus de maîtrise. Habitué depuis toujours à de rudes parties, il avait appris à garder une figure impassible. Ce n'est pas ce petit flic ambitieux qui le ferait changer de tactique! Et pourtant, sans qu'il sût analyser ce qu'il ressentait, Villar éprouvait une sorte de malaise indéfinissable. Pour le dissiper, il se redressa et se fit brutal.

— Je ne suis pas fonctionnaire, moi, inspecteur, et mon temps est précieux.

— Le mien aussi, señor.

— Je ne m'en serais pas douté, mais raison de plus pour en terminer au plus vite. Quel est le but de votre visite?

— Un nommé Paco Volz, que nous recherchons, travaillait à *Los Angeles y los Demonios*. Depuis quelque temps, il a disparu. Nous aimerions savoir ce qu'il est devenu?

Don Ignacio alluma une cigarette avant de répondre avec désinvolture :

— Voyez Joaquin Puig.

— Puig ne nous dira que ce que vous lui ordonnerez de nous dire, aussi j'ai cru préférable de venir vous demander directement les renseignements que nous souhaitons.

— Eh bien! vous avez eu tort, inspecteur. Je ne m'occupe absolument pas du personnel de cet établissement que Puig dirige à sa guise.

Flegmatique, Lluji alluma une cigarette à son tour

et soufflant la fumée en direction de Villar, déclara paisiblement :

— Vous mentez, señor.

Don Ignacio eut une réaction médiocre, il s'en rendit compte, mais il était trop tard pour se reprendre. Déjà, il avait crié :

— Sortez !

Le policier sourit et avec douceur protesta :

— Pas avant que vous ne m'ayez donné des nouvelles de ce Paco, señor.

Villar, au prix d'un violent effort sur lui-même, reprit son calme :

— Vous cherchez la bagarre, n'est-ce pas, inspecteur ?

— J'avoue que rien ne me ferait plus plaisir.

— Dans ce cas, je pense vous donner bientôt satisfaction.

Mais, décidément, don Ignacio n'était plus ce qu'il avait été, car de nouveau il perdit pied et, se laissant emporter par la colère, hurla :

— Je vous ferai casser, Lluji, vous et cet imbécile de Martin !

Le sourire exaspérant reparut sur les lèvres de Miguel.

— Ce n'est pas chose facile, Villar, et Barcelone ne se trouve pas encore entre les mains de la crapule du barrio chino. En attendant, si nous parlions de Paco ?

— Je vous répète que je ne le connais pas !

— Et moi, je vous répète que vous mentez.

Don Ignacio se leva.

— Vous avez terminé votre numéro ? Dans ce cas, je vous serais obligé de sortir avant que je ne téléphone à vos supérieurs pour leur demander si la loi vous donne le droit de venir m'insulter chez moi.

— Ni la loi, ni mes supérieurs ne m'empêcheront de faire ce que j'estime être mon devoir.

Villar haussa les épaules.

— Votre devoir...

Lluji se leva et comme don Ignacio s'approchait pour le reconduire à la porte, les deux hommes furent de nouveau face à face.

— Voyez-vous, Villar, je suis le fils d'un flic assassiné dans le barrio chino...

— Et alors?

— Je me suis mis dans la tête de faire payer son crime au meurtrier de mon père.

— C'est d'un bon fils et bien dans la tradition de notre pays, mais en quoi cette histoire de famille me regarde-t-elle?

— C'est vous qui l'avez tué.

— Moi?

— Ou tout au moins qui avez aidé à le tuer, du temps où vous étiez au service de Juan Gregorio.

— Ainsi cet acharnement à mon endroit tient à l'obsession du petit garçon qui veut venger son papa? Comme c'est émouvant, inspecteur! Seulement, il vous sera difficile de prouver que je suis l'auteur de ce crime ancien. Vous devriez savoir qu'il n'est pas dans mes habitudes de jouer du couteau?

— Parce que vous savez qu'il a été tué d'un coup de couteau?

Don Ignacio se mordit les lèvres.

— C'est l'arme la plus communément utilisée dans le barrio.

— Serait-ce celle dont vos hommes se sont servis pour vous débarrasser de Paco Volz?

Villar secoua la tête et, avec pitié :

— Vous êtes entêté, inspecteur.

— Très.

— Ce Paco était donc de vos amis?

— Cela ne vous regarde pas.

— Voyez comme on se fait des idées... A vous écouter, j'en arrive à me demander si ce garçon que vous recherchez n'était pas quelque mouton que vous auriez placé chez Puig, dans l'espoir de me nuire?

— Car on peut vous nuire en travaillant chez Puig? Peut-être en observant ce qui s'y passe lorsque les portes sont fermées et le rideau baissé.

— Quelle imagination ! Allons, inspecteur, regagnez sagement votre bureau, votre coup est raté.

Piqué, Miguel qui déjà tournait le dos à son hôte pour gagner la porte, se retourna :

— Quel coup?

Bonhomme, Villar prit un ton complice pour exprimer sa pensée :

— Bah ! je sais ce que c'est et combien il est difficile de vivre avec les maigres salaires de l'administration... alors, on se dit qu'Ignacio Villar est riche et qu'il n'y a pas de raison pour qu'on n'essaie pas de lui soutirer quelques milliers de pesetas au moyen d'un petit chantage à l'affection filiale...

La gifle que Miguel Lluji assena à toute volée sur la joue de don Ignacio coupa la parole à ce dernier et le fit chanceler. Il y eut, de part et d'autre, un moment de stupeur. Le policier voyait déjà les conséquences de son geste. Quant à Villar, il demeurait littéralement paralysé. Pour la première fois depuis trente ans quelqu'un avait osé porter la main sur lui. Dans sa tête en feu, c'était un vertige où il ne se retrouvait plus. La peur et une rage homicide y menaient la danse. La peur, parce que sous cet affront tout un monde s'écroulait, le monde où don Ignacio régnait, craint et obéi. La rage, parce que cet homme, qui avait tant fait tuer, se rendait compte qu'il ne pouvait abattre Lluji sur-le-champ. Mais plus que tout cela encore, la certitude qu'il n'était plus le grand don Ignacio s'imposait à lui. Blême, les yeux fermés, la sueur mouillant ses tempes, il chuchota d'une voix rauque :

— Je vous tuerai, Lluji, pour ce que vous venez de faire...

Miguel avait retrouvé tout son sang-froid et devant le désarroi de son adversaire voulut compléter sa victoire.

— En attendant, si nous reparlions de Paco Volz ?

Et Ignacio Villar craqua. Sa volonté partie à la dérive, il ne fut plus qu'un homme aveuglé par la fureur qui se moque de la prudence et des précautions habituelles.

— Paco Volz, votre ami ?... Vous le reverrez, n'ayez aucune crainte.

Lourdement, stupidement, il insista :

— Je suis même sûr que vous le reverrez bientôt !

— Pourquoi ?

Villar grimaça un sourire.

— Une idée comme ça...

Miguel venait de traverser le bureau de la secrétaire à laquelle il n'avait pas prêté attention quand, au moment de sortir, mû par une impulsion soudaine, il se retourna et surprit le regard de la jeune fille fixé sur lui, mais un regard terriblement dur et qui surprenait chez une personne aussi terne. Lluji allait lui adresser la parole lorsqu'elle redevint l'employée insignifiante qu'elle était ou affectait d'être, et replongea dans son courrier. Le policier intrigué se dit qu'il avait dû être victime de son imagination, échauffée par sa querelle avec Villar.

En arrivant à la *Jefatura Superior de Policia*, Miguel apprit sans étonnement d'un planton que le commissaire Martin lui demandait de se présenter dans son bureau sitôt son arrivée. Les ennuis prévisibles commençaient.

En dépit de leur amitié éprouvée, don Alfonso reçut Lluji fraîchement :

—Inspecteur, qui vous avait chargé d'aller interroger Ignacio Villar?

— Personne.

— Alors, de quel droit?...

— Du droit que tout honnête homme a de dire ce qu'il pense à une crapule !

— Pas quand cet honnête homme est fonctionnaire de la police et qu'il a des supérieurs !

Miguel était dans un tel état de tension nerveuse qu'il eut besoin de se rappeler tout ce qu'il devait à Alfonso Martin pour ne pas l'envoyer promener.

— D'accord, commissaire... Je vous fais mes excuses.

Don Alfonso se leva de son siège, fit le tour de son bureau pour venir se planter devant son subordonné.

— Miguel, je te demande d'être raisonnable... Je sais la sympathie que tu ressentais pour ce Paco et toutes les idées que tu te fais au sujet de ta responsabilité en ce qui touche sa disparition. Que tu veuilles le retrouver mort ou vif, c'est normal, mais prends garde au chemin que tu empruntes! Une fois déjà, j'ai pu éviter que Villar te fasse débarquer. Il n'est pas dit que, le cas échéant, je puisse te sauver une seconde fois. L'homme est puissant... D'après le coup de téléphone qu'il m'a donné sitôt après ton départ, il semblait hors de lui... Que s'est-il passé?

L'inspecteur raconta la scène qui l'avait mis aux prises avec don Ignacio et sa colère lorsque Villar l'avait moqué à propos de son père. Le commissaire l'interrompit :

— J'ai bien connu ton père, Miguel. C'était un brave homme qui aimait son métier... Comme toi, j'ai toujours soupçonné Villar d'avoir trempé dans cette affaire, mais ce n'est qu'un soupçon et nous ne pouvons agir que sur preuve. Tu devrais le savoir mieux que personne. J'ai le regret de te dire que tu t'es conduit comme un débutant. Si, un jour, nous obtenons une preuve solide contre Villar, je te promets que c'est toi qui l'arrêteras mais jusque-là je te défends — tu entends bien, Miguel? — je te défends d'avoir le moindre contact avec lui. D'ailleurs, je vais charger Pascual et Morillo de se mettre sur l'affaire Paco Volz, tu n'as plus l'esprit assez libre pour mener à bien cette tâche, si toutefois elle peut être menée à bien... Enfin, par le Christ! imagine que si don Ignacio avait fait enregistrer votre conversation, rien ne pourrait te sauver à l'heure actuelle!

— Et encore vous ne savez pas tout, commissaire...

— Qu'est-ce qu'il y a d'autre?

— J'ai giflé Ignacio Villar.

Don Alfonso chancela et alla reprendre sa place dans son fauteuil avant d'ordonner :

— Veux-tu me répéter ce que tu viens de dire?

— J'ai giflé Ignacio Villar.

Martin donna l'impression d'avoir du mal à respirer.

— Miguel Lluji, j'ai bien entendu? Tu avoues que tu as giflé Ignacio Villar?

— Oui.

— Parfait... Tu n'aurais pas envie d'aller gifler le gouverneur, pendant que tu y es, ou le ministre de l'Intérieur?

— Nullement, ces messieurs ne m'ont rien fait, tandis que Villar m'a insulté !

— Et il a l'air content de lui, ma parole! Miguel, tu es devenu fou, ou quoi? Non, ne réponds pas, je ne veux pas devenir ton complice !

— Mais...

— Silence! Inspecteur, voici mes ordres : demain vous resterez ici et mettrez votre service à jour puis, après-demain matin, en compagnie de votre femme, vous prendrez le premier train pour Saragosse d'où vous gagnerez tous deux votre village de Sopeira où vous vous reposerez en attendant que je vous rappelle. Vu?

— Vu, commissaire.

— Alors, rentrez chez vous et annoncez à doña Concha qu'elle a ses valises à faire. Je ne tiens pas à être obligé de vous arrêter pour meurtre ou de vous retrouver à la morgue maintenant que Villar va, vraisemblablement, lâcher ses tueurs.

— J'obéirai, señor commissaire.

— Et vous ferez bien, inspecteur !

Comme Miguel mettait la main sur la poignée de la porte, don Alfonso le rappela :

— Miguel...

— Don Alfonso ?

— J'aurais bien voulu voir la tête de don Ignacio quand tu l'as giflé et, pendant que tu y étais, c'est deux gifles que tu aurais dû lui appliquer : une pour toi et une pour moi.

CHAPITRE III

Il fallut bien que Miguel invoquât de fausses raisons pour expliquer à Concha qu'ils devaient partir en vacances à cette époque de l'année. Après un instant de surprise, la señora Lluji rendit hommage à la clairvoyance de don Alfonso, ayant su comprendre que son mari était fatigué. Un peu honteux, l'inspecteur s'obligea à donner les vrais motifs de leur départ imminent et une fois encore Concha approuva leur ami.

— J'aurai plaisir à me retrouver à Sopeira... le chemin de la O doit être plein de fleurs.

Détendu, Miguel regarda sa femme avec tendresse. Le calme de sa compagne n'avait rien perdu de son pouvoir depuis dix ans et agissait merveilleusement sur ses nerfs. Il émanait d'elle une sorte de confiance tranquille qui vous inclinait plus encore à la sérénité qu'à l'optimisme. D'une jeunesse sévère,

Concha avait gardé le goût du sérieux propre à ceux qui vivent difficilement. Elle n'était pas triste, mais sérieuse. Elle n'aimait ni l'inutile, ni le superflu. Elle ne ressemblait pas à toutes ces femmes qui jacassent autour d'une tasse de chocolat. N'étant pas d'une intelligence extraordinaire, elle pensait avec application, passant lentement d'une idée à l'autre, mais lorsqu'elle arrivait au but, rien ne pouvait la faire changer d'avis. Miguel disait qu'elle avait hérité son entêtement des mules aragonaises.

Tandis qu'elle préparait le café, Concha se rendait parfaitement compte qu'en dépit de la fausse gaieté qu'il affichait, Miguel souffrait d'être contraint de partir, de quitter Barcelone alors que le commissaire entamait une fois encore la lutte contre Ignacio Villar. Il n'avait pas eu besoin de le lui souligner pour qu'elle comprît que l'affectueuse sollicitude de don Alfonso cachait mal une sorte de blâme et elle devinait que son mari en était ulcéré. Pour tenter de le distraire d'une amertume qu'il dissimulait maladroitement, elle se força à prendre un ton enjoué pour dire combien ses vacances inattendues l'enchantaient. On allait revoir la montagne et la chère vieille bicoque où il était venu la chercher. Concha avait trouvé la bonne voie car le souvenir du passé est encore ce qu'il y a de meilleur pour chasser les préoccupations du présent et, oubliant son humeur morose, très vite Miguel se laissa entraîner par sa femme sur les routes du souvenir. Elle lui rappela qu'il devait toujours un cierge au monastère de la O pour l'affaire des contrebandiers de Tanger qu'il avait résolue tout seul, exploit qui lui valut de s'imposer définitivement à la Jefatura Superior de

Policia. Elle promit de lui faire manger tous les jours une de ces omelettes aux écrevisses dont les Aragonais ont le secret. Maintenant, ils riaient tous deux en évoquant un autrefois pas tellement lointain et qu'ils paraient des couleurs aimablement trompeuses de l'éloignement. Après le café, Concha nettoya la vaisselle tandis que Miguel savourait sa deuxième tasse de café tout en fumant son cigare Il y eut un trou dans leur conversation parce qu'il arrivaient tous deux au bout de leurs souvenirs. A ce moment l'horloge fit entendre les douze coups de minuit et ce fut comme un signal rappelant l'inspecteur à ce qu'il avait un instant paru oublier. D'une voix triste, il ne put s'empêcher de dire :

— Tout de même, Concha, m'en aller en abandonnant Paco...

Elle était en train de s'essuyer les mains. Elle ne voulait pas qu'il retombe dans ses idées moroses.

— Mais on ne l'abandonne pas puisque don Alfonso t'a annoncé qu'il mettrait deux de tes collègues à sa recherche !

Il soupira.

— Je sais bien, mais ce n'est pas la même chose et puis, c'était à moi de le retrouver, c'était à moi qu'il avait fait confiance... Oh ! pour ce qu'on retrouvera après tout...

— Qu'est-ce que tu racontes ?

— Rien d'autre que la vérité, Concha. Ils ont tué Paco et ont fait disparaître son corps, j'en suis sûr.

— Ne vois donc pas toujours en noir !

— S'il était encore vivant, il aurait donné signe de vie !

— A moins qu'il ne soit sur une piste...

54

Il ricana :

— Il y a peut-être été et c'est pour ça qu'ils l'ont assassiné... D'ailleurs, Villar me l'a presque donné à entendre !

— Il ne t'a pas avoué qu'il l'avait tué ?

— Au contraire, il m'a prédit que je ne tarderai pas à le revoir...

— Alors ?

— Alors, il mentait et, de plus, il se fichait de moi !

— Eh bien ! moi, je continue à croire à son retour !

— Pourquoi ?

— Parce qu'autrement ce serait trop injuste... parce que cela prouverait qu'il n'y a plus de pitié en ce monde... parce qu'enfin, je ne sais pas comment te dire, mais on ne pourrait plus croire à rien, ne plus espérer en rien...

Elle eut un petit rire de confusion.

— Voilà que je me mets à t'imiter, Miguel ! J'estime de plus en plus que don Alfonso a raison et que nous avons besoin de nous reposer tous les deux et tu verras quand nous reviendrons, c'est Paco qui nous attendra devant la porte !

— Que Dieu t'entende, Concha...

— Viens te coucher, maintenant !...

Il se leva pesamment quand tout à coup Concha poussa un léger cri :

— Oh ! Miguel, j'avais oublié, on a apporté un paquet pour toi juste avant que tu ne rentres.

— Un paquet ?

— Oui, je l'ai mis dans la chambre... Un gros paquet.

— Qui te l'a remis ?

— Un commissionnaire.

— Il t'a fait signer un reçu?

— Non, ce n'était pas recommandé... J'y pense, Miguel, veux-tu parier que c'est don Alfonso qui t'envoie un cadeau pour tes vacances?

— Il en serait bien capable! On va voir ça...

— Oh! Miguel, laisse-moi aller la première?

Cette fois, il rit franchement. C'était le seul côté vraiment jeune de sa femme que ce goût des paquets à défaire et cette curiosité toujours prête à croire aux merveilles. Elle n'avait jamais pu se débarrasser de cette passion qui lui venait du temps où, petite fille aux yeux écarquillés, elle regardait les colporteurs déballer leurs marchandises, ouvrir d'innombrables boîtes sur la grande table de la salle basse où s'agglutinait la maisonnée. Devant un colis bien ficelé, Concha éprouvait une sorte d'exaltation dont elle avait un peu honte, mais dont elle ne parvenait pas à se guérir. Son mari qui connaissait cette curieuse passion prenait soin à Noël ou pour son anniversaire de lui offrir le plus de boîtes possible pour multiplier son plaisir.

Attendri par ce côté enfant de sa femme, Lluji écrasait la cendre de son cigare dans le cendrier aux couleurs de Barcelone lorsqu'il entendit, venant de la chambre à coucher, le bruit sourd d'un corps qui tombait. D'un élan, il fut debout, appelant :

— Concha?

Une fraction de seconde, il hésita encore, se demandant s'il n'avait pas été le jouet d'une illusion, puis se précipita.

Allongée sur le parquet, sa femme semblait morte. Son visage livide, la contraction des mâchoires, tout avait l'apparence de la mort. Miguel eut une sorte de spasme nerveux qui le fit chevroter plutôt que crier :

— Concha?...

Il s'agenouilla, tandis que les idées les plus folles dansaient une sarabande dans sa tête. Le cœur qui avait lâché, sûrement, c'était le cœur... Il la palpa et la trouva froide ou se l'imaginait-il? Pourtant le médecin venu ausculter Concha lors de la mort du bébé né avant terme n'avait jamais dit qu'elle eût le cœur malade... Il la redressa légèrement et appuya le dos de sa compagne contre sa cuisse pliée... Tout bas, il appela :

— Concha... Concha mia... Concha...

Parce qu'il s'agissait de sa femme, Lluji qui, depuis dix ans, examinait les plus atroces cadavres sans sourciller, perdait pied comme une commère de la calle Moncada. Heureusement, Concha n'appartenait pas à ces complexions délicates auxquelles il faut des sels pour leur faire reprendre le sens. Un long frisson la secoua. Elle ouvrit les yeux et son mari vit que son regard flottait, cherchant à s'accrocher à quelque chose. Et puis, elle eut une sorte de râle et se mit à pleurer. Il était tellement content de la savoir vivante, bien vivante, qu'il ne songea pas tout de suite à s'inquiéter. Enfin, un peu calmé, il demanda :

— Concha, qu'est-ce qui t'est arrivé?

Elle leva vers lui des yeux noyés de larmes.

— Oh! Miguel... Quelle horreur!

— Mais quoi? Qu'est-ce qu'il y a?

— Ça...

Du menton, elle montrait le colis ouvert sur la

table. Il l'aida à se mettre debout, la mena jusqu'au lit où il l'assit et alla examiner ce qui avait pu motiver une pareille émotion chez une femme guère sujette aux évanouissements et aux pleurs. Il s'agissait d'un carton solide semblable à ceux où les vignerons mettent les bouteilles millésimées pour les expédier. Plus intrigué qu'inquiet, il releva les côtés du couvercle d'un geste brusque et demeura raide en voyant la tête de Paco Volz délicatement posée sur un lit de coton. La section du cou avait été soigneusement enveloppée. Avec ses yeux fermés, on eût dit une tête de cire. Miguel ne pouvait détacher son regard de ce visage terrible et blanc que la mort semblait avoir sculpté dans le marbre. Il lui parut que les sanglots de Concha lui parvenaient de très, très loin. Il n'avait aucune réaction, incapable de penser, tout entier saisi par l'horreur de la chose. Ce n'était quand même pas possible qu'on ait osé faire ça... ce n'était pas possible ! Ce sont des histoires d'un autre temps, mais pas à notre époque, pas à Barcelone, voyons ! Concha le délivra. Elle vint près de lui pour l'aider, pour lui montrer qu'elle était là et, malgré le dégoût qui la crispait toute, elle se força à refermer le sinistre colis. Alors, Lluji dit simplement : « Paco... », comme si, dans sa tête, après un long moment d'arrêt, la mécanique se remettait en marche et qu'il ait eu besoin d'appeler le mort par son nom pour rompre l'envoûtement. Encore hébété, il se tourna vers Concha et le visage ravagé de sa femme le rendit complètement à la réalité. Pour elle et pour lui, il prononça d'une voix forte :

— Ils ont tué Paco

Il se dégagea des bras de Concha qui le tenait ainsi qu'une mère tient l'enfant en proie au cauchemar et se dirigea vers le téléphone. Il s'imposait de ne rien penser avant d'avoir fait ce qu'il avait à faire. Il demanda le Bureau des Recherches Criminelles et quand il l'eut, ordonna d'envoyer des agents pour emporter le macabre colis à la morgue. Il raccrocha, demeura un instant immobile, la main sur le combiné, répétant de cette même voix morne :

— Ils ont tué Paco...

Lentement, il se retourna vers Concha :

— Je m'étais trompé, Concha, don Ignacio ne mentait pas. J'ai revu Paco ! Ils devaient le garder prisonnier et c'est ma visite à Villar qui l'a condamné !

Doucement, elle dit :

— Miguel...

Il tressaillit, puis se mit à rire, d'un rire sec, sans gaieté. Une manière de se délivrer de ces houles de colère qu'il sentait monter en lui et qui, déjà, le faisaient trembler de la tête aux pieds. Elle redit :

— Miguel...

Il la regarda sans la voir. Il ne pouvait plus voir autre chose que la tête exsangue de Paco. Paco... son père... sa mère... et toujours Villar... sa mère... Paco... Villar... son père... La ronde tournait de plus en plus vite. Il chancela, pareil à un homme ivre. Mais, en réalité, l'inspecteur Lluji était bien ivre, ivre de haine. Son père... Paco... et toujours Villar... Il ouvrit le tiroir de la table de chevet pour y prendre son revolver dont il enleva le cran de sûreté avant de le glisser dans sa poche. Maintenant, ce n'était plus la figure de cire de Paco qu'il avait devant les yeux, mais le sourire haineux de don Ignacio, ce sourire qu'il allait effacer à jamais. Il sortit de la chambre et elle le suivit dans l'entrée où il se coiffa de son chapeau.

— Miguel, où vas-tu?

— Tuer Ignacio Villar.

Alors, elle bondit, s'accrocha à lui.

— Miguel, ne sors pas maintenant! Tu n'as pas le droit de...

— Et eux? Ils avaient le droit, peut-être?

Elle aurait tant voulu dire qu'elle ne trouvait plus les mots.

— Miguel, reste! Ils t'arrêteront! Ils te jugeront, ils te condamneront... Tu seras un assassin! Ce n'est pas à toi de faire ça!

— A qui, alors?

Il se débarrassa d'elle d'une secousse et longtemps le bruit de la porte se refermant derrière son mari résonna dans la poitrine de Concha Lluji. Miguel ne devait pas encore avoir quitté la calle de Rosellon qu'au téléphone elle appelait frénétiquement le 70 333, le numéro particulier du commissaire Martin.

Dans la rue, Miguel avançait en aveugle. Les gens qu'il bousculait lui adressaient des injures qu'il n'entendait pas. Paco égorgé. Son père éventré. Des bêtes à l'abattoir. Il s'enfonçait dans la quiétude de la nuit barcelonaise, ne prêtant aucune attention à ce qui l'entourait, passant comme un bloc de haine, dur, épais, sans fissure à travers la douceur de cette vie nocturne. Il frôlait les groupes qui, le long des trottoirs, agglomérés en paquets, parlaient haut et fort, ne parvenant pas à se séparer. Parfois, un noctambule, devant la porte fermée de sa demeure, le suivait des yeux, intrigué, tout en attendant le sereno qu'il avait appelé en tapant dans ses mains et qui ne parvenait pas à se lever du tabouret où il somnolait sous un porche. Sur les ramblas, des gens, bras dessus, bras dessous, remontaient à petits pas vers leurs maisons. Miguel ne les voyait pas plus qu'il ne vit la patrouille de gardes qui déambulaient à la file indienne, la mitraillette autour du cou.

C'est en entrant dans la calle del Conde del Asalto que Lluji reprit une conscience exacte du monde qui l'entourait. Il s'arrêta pour jeter un coup d'œil autour de lui. Il se trouvait à la limite du barrio chino, sur la vieille frontière tant de fois franchie, mais du diable! s'il se souvenait comment il venait d'y arriver! L'inspecteur alluma une cigarette et s'appuya le dos à un mur pour faire le point. Il écoutait la petite voix ténue mais insistante qui lui chuchotait que s'il tuait Villar, il perdrait Concha, son métier, sa liberté et qu'ainsi même abattu, don Ignacio triompherait encore. Une ondée de tendresse amollit ses muscles lorsqu'il pensa à sa femme. Avait-il le droit de lui apporter la honte en récompense des années passées auprès de lui pour la remercier de son affection, de son dévouement? Son devoir n'imposait-il pas de sacrifier sa haine égoïste au bonheur de Concha? Il jeta sa cigarette, l'écrasa de la pointe de son soulier, s'avança jusqu'au bord du trottoir pour héler le premier taxi qui passerait et regagner la calle de Rosellon.

— Bonsoir, monsieur l'Inspecteur!

Lluji se retourna. Un agent le saluait. Un vieux

flic que le policier connaissait depuis toujours et qu'il aimait bien parce qu'il ressemblait un peu à l'image qu'il gardait de son père. La même figure honnête aux yeux rougis par des milliers et des milliers de veilles.

— Bonsoir, Aguilar!

L'agent s'éloignait de cette allure pesante, lasse de tous les kilomètres parcourus et que Miguel ne pouvait distinguer sans ressentir une émotion poignante. Son père devait marcher de cette façon. Et voilà que le fantôme paternel à peine évoqué collait à lui, l'empêchait de lever le bras pour arrêter le taxi qui arrivait à sa hauteur. Au loin, la silhouette du vieux flic harassé se fondait peu à peu dans le noir. Celui-là aussi les tueurs de Villar pourraient l'égorger s'il leur en prenait fantaisie, puisque la loi s'opposait à ce qu'on leur fît payer œil pour œil, dent pour dent, puisque des policiers — sous prétexte qu'ils étaient policiers — acceptaient qu'ils aient égorgé leur ami, éventré leur père. Concha attendait Miguel calle de Rosellon. Enrico Lluji et Paco Volz attendaient dans le bureau de Joaquin Puig où Villar devait se trouver à cette heure-ci. Concha serait-elle encore heureuse auprès d'un homme qui ne pourrait plus l'être à cause de ces morts non vengés? Avant même qu'il en ait pris clairement la résolution, l'inspecteur s'enfonçait déjà dans la calle Conde del Asalto.

En voyant Miguel, le portier de *Los Angeles y los Demonios* sursauta. Qu'est-ce que le policier venait faire? Inquiet, il repensa rapidement à tout ce qu'il avait de plus ou moins bien caché dans l'appentis qui lui servait de vestiaire. La voix pas très ferme, il demanda :

— Ce n'est pas que vous voudriez entrer, señor Inspecteur?

— Et qui m'en empêcherait?

Au ton, le portier comprit qu'il valait mieux ne pas avoir affaire au policier cette nuit et, ôtant sa casquette galonnée, il poussa la porte et s'effaça pour laisser pénétrer Lluji. C'était le moment où les attractions s'interrompaient pour permettre aux couples de danser sur la piste au son d'un orchestre que les connaisseurs proclamaient le meilleur de Barcelone. S'effaçant le plus possible, Miguel, se glissant le long du mur, arriva jusqu'au bar où l'employé, à sa vue, sauta du tabouret où il rêvait pour empoigner le téléphone. Mais le policier avait été aussi rapide que lui et leurs deux mains se rejoignirent sur l'appareil. Ils se regardèrent. Lluji dit doucement :

— Inutile de m'annoncer, Federico...

L'autre écrasa une injure entre ses dents serrées et retourna à ses bouteilles. Sans plus se soucier des autres, Miguel écarta la tenture qui dissimulait l'escalier menant au bureau de Puig. Lorsqu'il arriva en haut des marches, il entendit la voix de Villar qui répondait au téléphone. Sans doute le barman. Alors, d'un coup de pied, Lluji ouvrit la porte et s'immobilisa sur le seuil.

Ils étaient tous là. Villar, à la place de Puig, debout, et Nina de las Nieves, à gauche de son ami, à moitié assise sur le bras d'un fauteuil. Le long du mur, Miralès, l'ancien boxeur, et Ribera, le torero fini, sur des chaises tendues de velours rouge discutaient à mi-voix tandis qu'Esteban Gomez, l'Andalou, appuyé au meuble de radio, écoutait une musique en sourdine. A l'entrée de Miguel, ils se figèrent et l'inspecteur pensa à un tableau de famille composé par un photographe du vieux temps. Dans un silence absolu, Lluji fit un pas en avant et, sans les quitter des yeux, referma la porte derrière lui. Posément, il les regarda les uns après les autres. Il nota l'air goguenard de Gomez, l'étonnement de Nina, la pâleur livide de Villar aux maxillaires contractés, la peur de Puig, l'indifférence de Miralès et de Ribera dont les intelligences courtes s'en remettaient au patron du soin de régler cette situation inattendue. Le silence devenait intolérable. Nina lâcha pied la première. Elle cria plutôt qu'elle ne dit :

— Qu'est-ce que ça veut dire? Qui c'est celui-là?

Villar, qui s'était repris, feignit la surprise.

— Comment, Nina, tu ne connais pas le célèbre inspecteur Miguel Lluji?

— Et qu'est-ce qu'il vient faire?

— Je l'ignore, mais sans doute va-t-il nous l'apprendre?

Miguel savait que Gomez était le plus dangereux. Il nota le mouvement imperceptible de la main qui s'apprêtait à plonger dans l'échancrure de la veste.

— Laisse ton couteau, Gomez... Je tire vite.

L'Andalou eut un sourire de connaisseur et se repencha sur le poste de radio, semblant se désintéresser de l'affaire, mais Lluji se rendait compte qu'il ne perdait pas un seul de ses mouvements. Les deux hommes se comprenaient et se méfiaient l'un

64

de l'autre. Lentement, Miralès et Ribera se levèrent.

— Villar, dites à vos tueurs de rester tranquilles.

— Ici, Lluji, c'est moi qui donne des ordres.

Balançant ses bras de gorille, Miralès se rapprochait. Le policier sortit son revolver.

— Retourne sur ta chaise, Juan, c'est préférable !

Le boxeur jeta un coup d'œil du côté de don Ignacio qui lui adressa un signe imperceptible et il recula en grognant. Ribera affectait de ne pas s'intéresser à ce qui se passait. Puig s'épongeait le front avec un mouchoir de soie. Villar, que la présence des autres rassurait, voulut reprendre le dessus.

— Et maintenant que vous en avez terminé avec votre numéro de dressage, Lluji, si vous nous conffiez ce qui vous amène?

— Vous ne vous en doutez pas?

— Ma foi... Ah! peut-être est-ce le commissaire Martin qui vous envoie me présenter des excuses?

— Le commissaire Martin n'est pour rien dans ma démarche, Villar, car je n'appartiens plus à la police.

— On s'est décidé à vous vider?

— Pas exactement... C'est moi qui démissionne.

— Quand?

— Sitôt que je vous aurai tué.

Miguel sentit Gomez se ramasser sur lui-même tandis, qu'éberlués, Miralès et Ribera le contemplaient. Le policier devait être fou pour oser dire une chose pareille. Puig se cramponnait au dossier du fauteuil occupé par Villar. Nina regardait alternativement Lluji et don Ignacio, attendant la réaction de ce dernier. De même que dans l'après-midi, la voix calme de Miguel faisait perdre son contrôle à Villar. La peur recommençait à lui serrer le ventre, à lui tordre le cœur dans un étau glacé. Il ne pensa pas une seconde que son adversaire pouvait bluffer. Il était sûr qu'il allait lui tirer dessus. Sa voix rauque résonna curieusement dans le silence.

— Vous êtes ivre, inspecteur?

— Vous ne voudriez pas, voyons...

Il leva son revolver. Don Ignacio, paralysé, ne songeait même pas à se lever.

— Je vais vous tuer, Villar, pour venger mon père et Paco Volz, dont vous m'avez envoyé la tête soigneusement coupée...

Nina poussa une sorte de râle léger et s'écroula sur le parquet. Puig se précipita vers elle et Gomez se ramassa sur lui-même, prêt à bondir.

— Tu tiens à mourir, toi aussi, Gomez?

L'Andalou s'immobilisa et, de nouveau, sourit. Il était fort, ce policier, un adversaire à sa hauteur. Gomez aimait les hommes courageux. Après tout, que don Ignacio se débrouille! Puig avait fait asseoir Nina sur une chaise et lui tapotait les joues. Villar ne se souciait pas d'elle. Il fixait le revolver braqué sur lui. Il n'osait pas dire à ses hommes de se jeter sur Lluji, car il se doutait bien qu'avant qu'ils ne l'atteignent, l'autre aurait le temps de tirer. Pour la première fois il se trouvait en face de la mort et il avait peur, atrocement peur. Il voulait vivre, vivre à n'importe quel prix ! Maintenant, ce n'était plus qu'un vieil homme tremblant.

— Je... je vous jure que ce n'est pas moi qui ai tué Volz !...

Gomez regarda don Ignacio avec une surprise mêlée de dégoût et son écœurement l'empêcha de bondir sur le policier au moment où Miralès, le dévoué Miralès, sautait sur Lluji. Mais ce dernier, ayant fait un pas de côté, frappait de son arme le boxeur au visage. Miralès porta vivement les mains à sa figure et le sang gicla entre ses doigts. Il chancela, la joue ouverte jusqu'à l'os. L'inspecteur leva le bras.

— Pour mon père et pour Paco, Villar...

— Non, non, non ! attendez ! attendez !

— Miguel !

Cette voix nouvelle empêcha Lluji d'appuyer sur la détente. Pourtant, il savait que s'il ne tirait pas maintenant, il ne tirerait plus, mais c'était plus fort que lui : il ne pouvait pas désobéir au commissaire Martin, son chef. Il baissa son arme et, désespéré, se retourna. Don Alfonso, puissant, massif, s'encadrait sur le seuil.

— Viens ici, Miguel.

— Donne-moi ton revolver !

Il le lui donna et don Alfonso le glissa dans sa poche.

— Maintenant, va m'attendre dehors.

Lluji sortit sans un mot. Villar, qui ne parvenait pas encore à croire à sa chance, respirait à petits coups précipités. Gomez fixait curieusement le gros homme qui dominait la situation. Encore un type intéressant, celui-là. Le commissaire entra dans le bureau.

— La représentation est terminée. Fichez le camp, tous, sauf vous, Villar !

Seul, Puig voulut protester, arguant qu'il était chez lui. Don Alfonso ne daigna même pas le regarder.

— Je vous ai dit de ficher le camp.

Joaquin s'en alla avec les autres. Nina, que l'autorité du commissaire exaspérait, s'adressa à don Ignacio :

— Je reste avec toi !

Sans bouger ni hausser le ton, Martin assura :

— Je suis patient, señorita, mais il ne faut pas exagérer.

Nina attendit une protestation de la part de Villar, mais comme celui-ci continuait à se taire, elle fila à son tour, humiliée. Lorsqu'elle eut disparu, don Alfonso referma soigneusement la porte derrière elle, prit une chaise et vint s'asseoir en face de Villar.

— Pourquoi ?

— Pourquoi, quoi ?

— Tout ce remue-ménage ?

A présent qu'il ne craignait plus rien, Villar avait oublié sa défaillance et retrouvé sa superbe.

— Votre inspecteur est fou ! Si vous n'étiez pas arrivé à temps, il m'assassinait.

— Pourquoi ?

— Mais parce qu'il me hait !

— Pourquoi ?

— Vous commencez à m'ennuyer, commissaire, avec vos pourquoi ? Je vous ai déjà informé que ce

Lluji était venu me faire une scène grotesque dans mon bureau cet après-midi, calle Vergara. Il a recommencé ce soir et si vous aviez fait votre devoir, vous l'auriez déjà mis hors d'état de nuire !

— J'aime bien vous entendre parler de devoir, don Ignacio. Ce mot dans votre bouche, c'est réconfortant...

— Je ne supporterai pas...

— Mais si, don Ignacio, vous supporterez, mais si. Parlez-moi donc un peu de ce paquet que vous avez expédié à Miguel Lluji et qui contenait la tête de Paco Volz ?

— J'ignore tout de cette histoire-là.

— Comment donc ! Je crois que vous avez été trop loin, cette fois, don Ignacio, beaucoup trop loin... Quand on exerce le métier que vous faites, il ne faut jamais se laisser emporter par la colère... parce qu'alors l'on ne réfléchit plus et l'on commet des fautes. Vous en avez commis une, qui vous mènera à votre perte... J'espère avoir le plaisir de vous conduire un jour très proche à la garrotte, don Ignacio...

La main de Villar tremblait tandis qu'il allumait une cigarette pour se donner une contenance.

— Votre ruse est cousue de fil blanc, commissaire... Tout ce que vous me racontez là n'a pour but que de m'empêcher de porter plainte contre l'inspecteur Miguel Lluji, qui s'est livré à une attaque à main armée et m'a menacé de mort devant cinq témoins.

— Vos témoins, don Ignacio ? Un ramassis de crapules !

— Peu importe, et toutes vos insultes à l'égard de mes amis ne m'empêcheront pas de porter plainte, tenez-vous-le pour dit.

Alfonso Martin se leva pesamment.

— Portez plainte, don Ignacio, cela m'est égal. S'il y a des sanctions à prendre contre mon subordonné, je les prendrai; seulement, en vous attaquant à Miguel Lluji c'est à toute la police de Barcelone que vous vous attaquerez. Vous allez me trouver sur votre chemin, don Ignacio, et vous ne tarderez pas à vous apercevoir que si je suis beaucoup moins romantique que Lluji, je suis en revanche beaucoup plus dangereux. Je vous souhaite une bonne nuit, señor Villar.

Sur le trottoir, le portier affectait de ne pas voir Miguel Lluji. Comme le reste du personnel, il savait que le policier était venu pour démolir Ignacio Villar et, spontanément, il faisait corps avec le patron. Lorsque le commissaire émergea de la porte, Miguel ne bougea pas. Il attendit que son chef l'eût rejoint et, côte à côte, ils s'éloignèrent sans prononcer un mot. Ce ne fut que lorsqu'ils eurent atteint les ramblas que don Alfonso se décida :

— J'espère que tu te rends compte que si ta femme ne m'avait pas averti, tu aurais les menottes aux poignets, en ce moment?

— Oui.

— Tu me déçois, Miguel, je t'aurais cru plus de sang-froid.

— Ils ont tué Paco, chef.

— Et alors? C'est tous les jours qu'on tue des

flics. Ton rôle est de coincer les assassins et non de te transformer en tueur !

— Si vous aviez vu cette tête dans le paquet...

— C'est pour doña Concha surtout que cela dut être terrible... Rien que pour ça, j'aurai Ignacio Villar. Fais-moi confiance, Miguel... S'il est humainement possible d'avoir don Ignacio, je te répète que je l'aurai. Naturellement, tu ne vas pas attendre un jour de plus pour filer à Sopeira... Le premier train doit partir dans quelques heures, vous avez juste le temps, ta femme et toi, de boucler vos valises.

Ils n'échangèrent plus un mot jusqu'à ce qu'ils fussent arrivés devant chez Miguel.

— Bonnes vacances, Miguel, et ne te fais pas de soucis, je te tiendrai au courant.

— Merci, chef.

— Ecoute-moi, Miguel... Je souhaiterais que tu comprennes bien que je suis avant tout un policier et que je ne laisserai jamais mes sentiments personnels prendre le pas sur mon devoir. Un meurtrier est pour moi quelqu'un qu'il faut abattre, non parce qu'il est mon ennemi personnel, mais parce qu'il est un ennemi de la société, quelqu'un qui empêche les braves gens de vivre en paix. Alors, je fonce et, tu le sais, il est rare que je ne finisse pas par l'avoir et à l'amener à la garrotte ou en prison. Si je le hais particulièrement, tant mieux, si je l'aime, tant pis. Mon devoir, Miguel, et seulement mon devoir, quoi qu'il arrive, quoi qu'il puisse m'en coûter. Si tu avais tué Villar, je t'aurais traité comme n'importe quel assassin, en dépit de l'affection que je te porte. Je te raconte tout ça pour que tu te rendes compte à quoi tu viens d'échapper.

— A cause de vous, don Alfonso.

— Non, à cause de celle-là qui t'attend là-haut et à qui tu dois de n'être pas en prison à cette heure-ci.

CHAPITRE IV

En montant l'escalier conduisant à son appartement, Miguel redoutait le moment où il allait se
trouver en face de Concha. Bien qu'en son cœur il
dût reconnaître que don Alfonso avait raison, il
était trop espagnol pour ne pas considérer que ne
point venger Paco s'avérait une lâcheté que nul
motif, pour si bon qu'il fût, ne pouvait excuser.
L'erreur du commissaire Martin consistait à mêler
des histoires qu'on ne saurait mêler. Quand on touchait à son honneur, Miguel ne se voulait plus ni
policier, ni citoyen, ni rien de civilisé, de domesti-
qué, d'amoindri, seulement un homme qui devait
se venger. Il comprenait que Concha ait prévenu
don Alfonso. En agissant ainsi, elle aussi avait
fait son devoir, ainsi que l'affirmait Martin, son
devoir d'épouse, mais, Aragonaise, elle aurait peut-
être préféré être la femme d'un prisonnier passible

74

de la peine de mort que d'un garçon qui, par respect hiérarchique, acceptait de vivre dans l'obéissance et le déshonneur.

Concha l'attendait derrière la porte. Elle ne lui sauta pas au cou, ce n'était pas son genre. Elle l'examina d'un coup d'œil rapide et, rassurée, se contenta de dire :

— Tout est bien...

Puis, lui prenant la main, elle l'emmena à la cuisine qui était vraiment leur pièce à eux, celle où les étrangers ne venaient jamais mettre le nez.

— Assieds-toi, Miguel, je t'ai préparé du café.

Miguel se laissait faire, heureux. Ainsi que d'ordinaire, il retrouvait son calme près de Concha. A l'idée qu'il eût pu être en prison et séparé de sa femme pour longtemps, sinon pour toujours, il éprouva une sorte d'angoisse panique qui emporta ses nobles regrets de tantôt.

— Tu as appelé don Alfonso, Concha?

— Oui, j'avais trop peur... Tu m'en veux?

— Non, tu as bien fait... Tu m'as évité une erreur qui nous aurait coûté cher...

Il lui raconta la scène du cabaret et lorsqu'il eut terminé son récit sur l'entrée du commissaire Martin, elle se signa rapidement.

— Don Alfonso exige que nous prenions le premier train pour Saragosse, c'est dire que tu as juste le temps de faire les valises, Concha...

Déjà elle se levait, mais il la retint :

— ... Mais si tu es d'accord, nous ne partirons pas.

— Tu désobéirais à don Alfonso?

— Oui.

— A... à cause de Paco?

— A cause de mes morts.

Il tenait à ce qu'elle l'approuvât et, soudain volubile, il expliqua :

— Je n'aurais pas dû les attaquer de front. Si tu avais vu ce paquet d'assassins, Concha... J'aurais souhaité les prendre un à un dans une pièce soigneusement fermée et leur cogner dessus jusqu'à ce qu'ils crèvent! sauf peut-être la Nina de las Nieves, qui n'avait pas l'air tellement au courant et qui s'est évanouie lorsque j'ai parlé de la tête de Paco.

Elle eut un gémissement sourd.

— Tais-toi, Miguel, par pitié...

Mais, de nouveau la proie de son éternelle obsession, il ne l'entendit même pas.

— Si j'avais tué Villar tout à l'heure, le châtiment eût été trop doux. Il faut qu'on le démolisse publiquement, qu'il connaisse la honte de comparaître entre deux gardes devant le tribunal, qu'il goûte l'abominable cellule des condamnés à mort avant qu'on ne vienne le chercher pour l'exécuter et c'est moi, Concha, moi, pas don Alfonso, qui dois le pousser sur ce chemin. Don Alfonso n'a pas le droit de prendre ma place et c'est pourquoi nous ne partirons pas pour Saragosse !

— Tu vas avoir tout le monde contre toi !

— Aucune importance, si tu restes à mes côtés.

— Tu le sais bien... mais don Alfonso peut te demander ta démission?

— Je la lui donnerai.

— Tu ne sauras pas vivre en dehors de ton métier, Miguel.

— J'apprendrai.

— Alors, agis comme tu l'entends et que Dieu nous protège !

— L'important, pour moi, c'est d'aller vite, maintenant, plus vite que don Alfonso. Je ne me montrerai pas au bureau, je ne sortirai que la nuit...

— Pour faire quoi ?

— Ecoute, Concha... Je les ai bien regardés, tout à l'heure, Villar, Puig, Miralès, Ribera et Gomez, je suis sûr qu'il y en a au moins un qui a eu peur, un qui a les nerfs moins solides que les autres, qui a moins confiance que les autres en la toute-puissance de Villar. C'est celui-là qu'il faut que je questionne et que je force à parler.

— Mais lequel, Miguel ?

Il sortit des photos de sa poche et les étala sur la table.

— J'ai pris leurs photographies au sommier, cet après-midi. Regarde-les, Concha... Celui-là, c'est Joaquin Puig, le directeur de *Los Angeles y los Demonios,* un lâche, un drogué, mais je redoute que personne ne parvienne jamais à lui inspirer une crainte plus forte que celle que Villar lui inspire. Je doute qu'il parle. Celui-ci, c'est Gomez l'Andalou, le plus dangereux, le plus courageux aussi, il sera le dernier à lâcher pied. Voilà Miralès, l'ancien boxeur de Bilbao.

— Il est horrible !

Penchée sur son épaule, elle contemplait ces visages sinistres qui étaient les différents visages de la mort.

— Il doit être encore bien plus laid maintenant que

je lui ai fendu la joue d'un coup de crosse... C'est une brute, à moitié fou mais dévoué comme un chien de garde. Le seul qui ait tenté de protéger son patron. Je ne pense pas qu'on parvienne à le faire trahir Villar...

Il prit la dernière photo et l'éleva pour mieux l'examiner.

— Reste Juan Ribera, et je crois que c'est lui mon homme... Il doit être plus vulnérable. Concha, je vais aller le trouver chez lui, il ne s'attend pas à me voir cette nuit : l'effet de surprise jouera pour moi et si je réussis à le convaincre de parler je le traîne près de don Alfonso.

Elle se redressa, affolée :

— Miguel! Tu ne retournes pas au barrio maintenant? Ce serait de la folie !

— Rassure-toi, Conchita mia, à part Joaquin Puig qui loge au-dessus de son cabaret, ces messieurs ne vivent plus au barrio. Ils ne tiennent pas à se mêler à la racaille ! Non, regarde leurs adresses, je les ai notées derrière leurs photos : Moralès et Gomez habitent dans la vieille ville, le premier calle Rull, le second, en bon Andalou, est allé se nicher près d'une église, celle de Santa Maria del Mar en l'occurrence, calle Espaderia; Ribera demeure à l'ouest, calle de la Aurora, quant à Villar, il gîte dans sa villa du Tibidabo. Concha, je me rends calle de la Aurora. Si Ribera est là, tant mieux, s'il n'est pas là, je l'attendrai.

Elle voulut l'empêcher de se lever.

— Miguel, tu ne vois donc pas l'état dans lequel tu es? Tu as besoin de te reposer !

— Je me reposerai lorsque Villar sera en prison.

Laisse-moi partir, Conchita mia... Tu sais bien qu'il faut que je joue ma chance tout de suite, sinon ils auront le temps de se reprendre.

— Il ne t'ouvrira pas sa porte, voyons, ou bien il préviendra la police !

— Il n'est pas trois heures, Concha... Je suis sûr que Ribera, comme les autres, ne quitte pas le cabaret avant quatre ou cinq heures du matin. Je serai obligé de l'attendre dans la rue.

— Il ne te permettra pas d'entrer chez lui !

— Si, parce que je lui ferai plus peur que tous les toros dont il a eu peur au cours de sa carrière !

Vaincue, elle le laissa partir.

— Fais bien attention à toi, Miguel... Es-tu armé, au moins ?

— Don Alfonso m'a pris mon revolver, mais je vais emporter mon couteau.

Il se rendit dans la chambre et en revint presque aussitôt, tenant une de ces terribles navajas aragonaises sur laquelle est gravée une fière devise ayant trait à l'honneur et à la vengeance.

— Tu te rappelles, Concha ?

Bien sûr, qu'elle se rappelait ! Le jour où, à Sopeira, ils s'étaient promis l'un à l'autre, ils avaient échangé un de ces couteaux en gage de fidélité jusque dans la mort.

Sitôt le départ du commissaire Martin, ils étaient tous revenus dans le bureau où se tenait Ignacio Villar, tous sauf Nina partie, paraît-il, de fort mauvaise humeur. Miralès, avec les bandes de sparadrap lui étoilant la joue, suscita quelques sourires, Gomez retourna s'accouder au poste de radio.

Pour l'Andalou bien plus que ce que pouvaient faire les policiers, c'est ce qu'allait faire don Ignacio qui l'intéressait. Pour la première fois, il avait vu le chef tenu en échec et avoir peur. Pour la première fois, Esteban n'avait plus une totale confiance en Villar. Mais, avant de prendre une décision, il voulait savoir s'il ne s'agissait que d'une faiblesse passagère ou si, au contraire, don Ignacio se révélerait pourri, fini, usé sous sa façade arrogante et qui en imposait encore. Lorsqu'ils furent tous devant lui, Villar prit la parole :

— Peut-être ai-je eu tort en ce qui concerne le tour joué à l'inspecteur... peut-être pas car, si d'un côté cette plaisanterie d'un goût spécial a braqué la police contre nous, d'un autre côté, elle a poussé Miguel Lluji à un geste qui brise sa carrière et nous serons au moins débarrassé de celui-là, qui devenait gênant.

— Moi, patron, je crois que vous avez eu tort... D'abord, parce qu'écarter un poulet pour s'en coller tout un paquet aux trousses, ce n'est pas une bonne affaire, ensuite, parce que ça ne porte jamais bonheur de ne pas respecter les morts.

Il se fit un silence lourd, où chacun regardait alternativement don Ignacio et celui qui osait n'être pas de son avis. Villar sentait bien que pour lui c'était un moment crucial. De la manière dont il réagirait dépendait le rétablissement de son autorité mise à mal par le policier. Il ne voulait cependant pas provoquer un éclat, car il savait qu'en cas de coup vraiment dur, Esteban Gomez serait le seul sur qui il pourrait compter. Il se décida pour un certain mépris, tout en faisant des vœux pour que l'Andalou ne réagisse pas et ne le contraigne pas ainsi à la rupture.

— Pour donner votre avis, Gomez, vous attendrez que je vous le demande ! Jusqu'à nouvel ordre, c'est moi qui commande et vous qui obéissez.

Et il enchaîna très vite, pour tenter d'arrêter la protestation de Gomez :

— ... Quant à ce policier, il est inutile, je pense, que je vous précise le sort que je lui réserve...

Peut-être Gomez, qui avait très mal pris la réflexion de Villar le concernant, aurait-il mis le feu aux poudres si Miralès n'avait détendu l'atmosphère en intervenant :

— Patron, laissez-moi m'occuper de lui? Je voudrais l'arranger un peu avant de lui permettre de crever !

Don Ignacio eut un soupir de soulagement : ce bon, ce brave, cet imbécile de Miralès lui sauvait la mise, car il était une victime toute désignée pour supporter la mauvaise humeur des autres.

— Tais-toi donc, Juan ! Et essaie de réfléchir, si tu en es capable, avant de dire des sottises !

Pour Ribera, Gomez et Puig, il expliqua :

— Le commissaire Martin sait que son protégé est fichu et qu'il sera cassé quand il me plaira, aussi il va nous guetter dans l'espoir de nous prendre en faute, ce qui serait le seul moyen, pour lui, de prouver à ses supérieurs que l'inspecteur Lluji peut être excusé d'avoir agi comme il l'a fait. Donc, prudence. J'interdis qu'on touche à un seul cheveu de la tête de ce policier.

Miralès n'était pas convaincu. L'indignation balaya sa passivité naturelle à l'égard de don Ignacio.

— Alors, il va s'en tirer comme ça, après m'avoir défiguré?

Villar aurait embrassé Miralès s'il l'avait pu, sa bêtise et sa ridicule colère dissipant l'embarras qui régnait depuis l'algarade du patron et de Gomez.

— Juan, tu exagères quand tu dis que ce flic t'a défiguré, j'ai l'impression que le travail était déjà fait !

On rit et Villar comprit que tout danger en ce qui concernait Gomez s'éloignait, du moins pour le moment, mais il serait bon de tenir cet Andalou à l'œil.

— En tout cas, les ordres sont les suivants — et je vous prie de vous y conformer strictement si vous ne voulez pas me voir me fâcher pour de bon — on reste tranquille et vous vaquez à vos affaires comme les honnêtes citoyens que vous êtes, du reste. Si vous vous apercevez que vous êtes accompagnés d'un ange gardien relevant du commissaire Martin, feignez de ne pas vous en apercevoir, le récit qu'il fera de vos faits et gestes sera ainsi moins sujet à caution. Que chacun rentre chez soi, maintenant. Puig vous convoquera lorsque j'aurai de nouveau besoin de vous rencontrer. A vous revoir, messieurs.

Il y avait encore du monde sur la Cataluña lorsque Miguel Lluji la traversa pour gagner les ramblas qu'il descendit jusqu'à la hauteur de la calle del Carmen, en direction du quartier habité par Ribera.

Gomez, Miralès et Ribera sortirent ensemble du cabaret et, après avoir souhaité mille félicités au portier qui leur répondit en espérant que Dieu ne les quitterait pas, ils se dirigèrent vers les ramblas, pareils à de bons bourgeois retournant à leur domicile, le travail terminé. N'eut été l'heure, l'illusion aurait été complète. Ils discutaient paisiblement des événements de la soirée. Mais ni Esteban Gomez plongé dans ses réflexions, ni Miralès et son copain Ribera, qui se saoulaient de mots, ne prirent garde à cette silhouette qui, dans la Conde del Asalto s'était détachée d'une encoignure sitôt après leur passage, et, depuis lors, les suivait.

Le trio remonta la rambla jusqu'à la calle de Fernando où ils se séparèrent, Gomez et Miralès prenant à droite, vers la vieille ville, tandis que Ribera continuait son chemin vers la calle del Hospital. Ils se serrèrent la main et se donnèrent rendez-vous dans un café de la plaza Cataluña pour jouer les rentiers, maintenant que Villar les avait mis en congé illimité. Cachée derrière un arbre, l'ombre attachée aux pas des trois amis, attendit que l'Andalou et Miralès se fussent enfoncés dans la vieille ville pour se lancer à la poursuite de Ribera.

Ribera aimait bien ces rentrées nocturnes à travers les rues désertes. Il y pouvait donner libre cours à son imagination qui le consolait de son existence manquée. Rêveur éveillé, il peuplait les avenues vides de fantômes qui l'acclamaient et souriait aux acclamations qu'il était seul à entendre; il redressait le buste, retrouvait l'allure ancienne du défilé dans les arènes ensoleillées et, ivre d'orgueil, vivait les exaltantes minutes des triomphes qu'il s'était cru réservés jusqu'au jour où ce toro, à Salamanque, non seulement lui infligea une blessure grave, mais encore le livra à la peur, cette peur qui est l'ennemie mortelle des toreros et dont il n'avait jamais pu se déprendre, malgré les moqueries et les insultes des publics qui, pendant deux saisons, le virent fuir le combat avec le fauve avant que ne lui fussent définitivement fermées les portes des arènes de toute l'Espagne. Ribera n'avait jamais oublié le toro de Salamanque qui venait encore parfois hanter son sommeil. Pour échapper à la bête, il buvait de plus en plus et don Ignacio ne le gardait dans l'équipe que parce qu'il avait jadis assisté à la corrida où Ribera reçut l'alternative des mains de Martial Lalanda, à Madrid, et qu'il en avait pitié.

Antonio Ribera conservait du métier abandonné cette façon légère de marcher, ce dandinement imperceptible propre à ceux qui, la cape de parade au bras, ont pris part aux rutilants paseos ouvrant les corridas. A la place Boqueria, Antonio tourna à gauche, dans la callé del Hospital, et c'est à ce moment-là qu'il s'aperçut qu'on le suivait. Sa première réaction fut une action de grâces envers don Ignacio et un hommage sincère rendu à la perspicacité du patron. Ribera s'arrêta pour allumer une cigarette et, par bravade, garda le plus longtemps possible la flamme de l'allumette devant son visage afin que le flic pût se rendre compte qu'il ne se trompait pas. Antonio, amusé, tenait à lui faciliter son travail, à ce pauvre garçon. Mais, histoire de plaisanter un peu, au lieu de rentrer chez lui par le chemin le plus court, Ribera se mit à monter et descendre les petites rues de son quartier en une promenade qui devait paraître incohérente et, en même temps, fortement intriguer l'ange gardien ayant pour mission de ne pas le perdre de vue. L'aube n'était pas loin et dans le silence de la ville enfin endormie, le pas de l'ancien torero résonnait longuement. Parfois, Antonio suspendait brusquement sa marche, pour essayer de surprendre l'écho du pas de l'autre, mais le bonhomme connaissait sans doute bien son métier, car Ribera ne parvenait pas à percevoir le moindre son. Il s'en irritait comme d'une offense. Dans son cerveau fragile, la colère montait. Il oublia les recommandations de don Ignacio et se mit en tête de lâcher son suiveur. Il descendit rapidement la calle Mendizabal, remonta encore plus vite par sa parallèle, la calle de Robador, obliqua dans la cale de San Rafael qu'il parcourut jusqu'à la calle de San Geronimo mais, s'étant retourné, il dut admettre que le flic se maintenait toujours à la même distance. Alors, une fureur aveugle empoigna Ribera et, tournant à l'angle de Beato Oriol, il se colla contre le mur, attendant que l'autre vînt buter contre lui. C'est ce qui se produisit et Antonio ne put résister au plaisir d'humilier ce bonhomme qui lui collait aux talons. L'attrapant par le bras, il demanda :

— Et alors?

Loin de se dégager, le flic se rapprocha de lui. Le torero eut un rire suffisant :

— Tu as envie de faire la connaissance d'Antonio Ribera, mon garçon?

Mais, au même instant, une douleur fulgurante lui troua le ventre. Il lâcha le bras de son adversaire qui fit un bond de côté et se mit à courir. Hébété, Ribera le regardait s'enfuir, ne comprenant rien à ce qui lui arrivait. Il porta les mains à son ventre et les retira pleines de sang. Incrédule, il contemplait ses doigts englués. Un flic n'assassine pas! Un flic ne poignarde pas! Mais une vague de douleurs le submergea, l'empêchant de réfléchir plus avant. Il poussa une sorte de hurlement rauque pour demander du secours. Il sentait la vie sourdre de lui à gros bouillons. Pressant ses mains contre sa plaie, il se mit péniblement en marche pour tenter de gagner la calle San Pablo où il passait sûrement encore du monde. Il fit un pas, deux pas, et puis il lui sembla qu'un brouillard épais emplissait la rue pour l'empêcher de voir et d'avancer. Il trébucha et faillit tomber. L'effort pour retrouver son équilibre lui arracha un gémissement. Curieux, ce brouillard... Tout d'un coup, il sut qu'il n'atteindrait pas la calle de San Pablo et il eut peur. Il voulut crier, mais cela lui fit si mal qu'il y renonça. Les dents serrées, il se força à avancer encore, mais il voyait de moins en moins. Jamais encore il n'avait rencontré une telle brume, même à Séville, l'hiver, dans les marais du Guadalquivir. Le haut de ses pantalons, humide, collait à sa chemise et à sa peau, il ne savait si c'était ce brouillard qui le trempait ou son propre sang, et il ne voulait pas le savoir. Il glissa et tomba sur un genou. Il s'efforça de respirer à fond, et il crut avaler du feu. Dans un élan de tout son être galvanisé par la peur, il tenta de se redresser. Il y était presque parvenu lorsqu'il bascula en avant.

Quand Miguel rentra au petit jour, il trouva Concha qui l'attendait dans la cuisine. Sa fatigue le mettait de mauvaise humeur.

— Pourquoi ne t'es-tu pas couchée?

— Comment aurais-tu voulu que je puisse dormir?

Sans répondre, il prit une chaise, demeura un moment les yeux dans le vague, avant de dire :

— Je boirai bien quelque chose...

Elle sortit la bouteille de jerez, à laquelle on ne touchait que dans les grandes occasions. Il en but deux verres coup sur coup et soupira :

— Je m'en souviendrai de cette nuit !

Timidement, elle s'enquit :

— Tu l'as vu?

— Ribera? Non... Il a dû rester dans le barrio. Je suis épuisé, je vais au lit.

Il se leva pesamment. Au passage, il mit la main sur l'épaule de sa femme.

— Je te demande pardon pour tout ce mauvais sang que je te fais faire... J'ai peur de n'être plus bon à grand-chose... J'accumule les erreurs et les fautes, et c'est pourquoi Paco...

Elle l'interrompit :

— Ne pense plus à Paco, Miguel. Il ne faut plus parler de Paco.

— Mais tu me donnes raison, toi, de vouloir le venger, n'est-ce pas?

— Peut-être, mais, je te le répète, laisse ce soin à d'autres. Tu es trop marqué.

Il hésita un instant, puis :

— C'est bon, Conchita, puisque tu le désires...

nous allons dormir un moment et nous partirons pour Sopeira.

La sonnerie du téléphone les réveilla. Ils n'avaient dormi que quelques heures. Concha eut du mal à reprendre pied dans la réalité; quant à Miguel il ne parvenait pas à sortir de l'espèce de torpeur annihilant sa volonté. Pourtant, il grogna :

— Laisse sonner !

Il se rendormit aussitôt et sa femme rabattit les couvertures sur ses oreilles pour ne plus entendre la sonnerie lancinante. Mais il faut croire que celui ou celle qui les appelait était têtu, car il ne se lassait pas. Pour en finir, Concha se leva et alla à l'appareil.

— Allô !

— Doña Concha ?

— Oui.

— Ici, Martin... Vous n'êtes donc pas partis pour Sopeira ?

— On s'est couché trop tard, don Alfonso. Nous prendrons le premier train de l'après-midi.

— Miguel est là ?

— Il dort.

— Réveillez-le ! A dix heures du matin, il ne devrait pourtant plus traîner au lit !

— Ecoutez, don Alfonso, ne pourriez-vous le laisser se reposer encore un peu ? Il n'y a pas si longtemps qu'il est rentré...

— Voyons, doña Concha, je vous l'ai ramené pas tellement tard ? A moins qu'il ne soit ressorti ?

Elle sentit l'intérêt qui vibrait dans la question se voulant anodine. Elle n'osa pas mentir à don Alfonso et tenta de s'en tirer par un biais.

— C'est-à-dire...

Mais le commissaire, au bout du fil, se mit à parler très sèchement.

— Est-il ressorti, oui ou non?

Il fallait qu'elle réponde.

— Oui.

Don Alfonso se fit grave.

— Doña Concha, réveillez immédiatement votre mari et dites-lui qu'il vienne tout de suite au bureau, vous entendez? Tout de suite !

Il raccrocha en oubliant de saluer sa correspondante. Ce n'était pas dans les manières de Martin et Concha s'inquiéta. Miguel, arraché au sommeil, prit très mal l'ordre de son supérieur et ce fut en maugréant qu'il se rendit dans la salle de bains où il dut convenir, en se voyant dans la glace, qu'il avait souvent traqué des gens qui n'avaient pas une mine aussi patibulaire que la sienne en ce moment. Il quitta l'appartement avec une migraine pénible qu'il pensa dissiper en gagnant à pied la Jefatura Superior de Policia.

Alors que Miguel entrait dans le bureau du commissaire Martin, celui-ci jeta un coup d'œil à sa pendule et remarqua sèchement :

— Onze heures un quart... Vous avez pris tout votre temps?

Le ton fit regimber Lluji qui répliqua de la même façon :

— Je suis venu à pied.

89

— Je croyais avoir souligné à votre femme que je tenais à vous voir d'urgence?

Don Alfonso se montrait si agressif que l'inspecteur se cabra :

— Je souffrais de la tête et j'ai cru...

— J'aime bien qu'on se conforme aux ordres que je donne, inspecteur !

— Il me semble que j'en ai l'habitude?

— Je le pensais aussi, mais ne vous avais-je pas commandé de partir ce matin pour Sopeira?

— J'étais fatigué et je n'imaginais pas que quelques heures d'écart...

— Ce que vous imaginez ne m'intéresse pas, inspecteur. Vous êtes pourtant depuis assez longtemps dans le métier pour savoir qu'un ordre est un ordre, non?

— Je partirai au début de l'après-midi, ma femme est occupée à préparer nos valises.

— Il se pourrait que ce fût inutile.

— Je ne saisis pas, señor Commissaire?

— Il y a beaucoup de choses que vous ne comprenez pas, ces jours-ci, Lluji, beaucoup... Vous en prenez un peu trop à votre aise depuis quelque temps, inspecteur. Je suis, une fois de plus, tenu de vous rappeler que les initiatives personnelles sont très mal vues chez nous. Nous n'aimons guère ceux qui ont l'air de se croire plus malins que tout le monde et qui, finalement, ne commettent que des sottises quand ce n'est pas pis !

Miguel n'entendait rien renier de ce qu'il devait à don Alfonso, mais il ne pouvait tolérer qu'on lui parlât de cette façon.

— J'estimais que nous nous étions expliqués là-dessus cette nuit?

— Je l'estimais aussi et il faut admettre que je me suis trompé, puisque vous continuez à n'en faire qu'à votre tête! Inspecteur Lluji, j'ai le regret de vous dire que vous ne méritez pas la confiance que je vous accordais jusqu'ici.

Blême, Lluji se leva.

— Dans ces conditions, señor Commissaire, je vous prie d'accepter ma démission!

— Je crains de ne pouvoir l'accepter.

— Pardon?

— Inspecteur, une démission ne saurait être remise que par un fonctionnaire en activité. Or, vous n'êtes plus en activité, Miguel Lluji.

— Depuis quand?

— Depuis dix heures, ce matin.

— Autrement dit, c'est la mise à pied?

— Peut-être plus grave... A quelle heure êtes-vous rentré chez vous?

— Mais, vous étiez avec moi et...

— Je parle de la seconde fois?

Sur le moment, Miguel flotta, pris de court.

— Eh bien! vers cinq heures, je pense.

— Où êtes-vous allé?

— Me promener... Je n'arrivais pas à avoir sommeil.

— A quel endroit vous êtes-vous rendu?

— J'ai marché au hasard.

— Et ce hasard ne vous aurait pas conduit dans le quartier de la calle del Hopital? Et plus spéciale-ment dans les alentours de la calle de Aurora?

Lluji accusa le coup. Comment, diable! don Alfonso pouvait-il être au courant?

— D'accord, señor Commissaire.

— Tiens, tiens! Et peut-être, souhaitiez-vous rencontrer Antonio Ribera?

— En effet.

— Et... pour quelles raisons?

Lluji haussa les épaules.

— Vous le savez bien... Paco...

— Vous avez vu Ribera?

— Non... Je l'ai attendu devant sa porte pendant près de deux heures, mais il n'est pas venu.

— Curieux, car il n'était pas loin de vous pourtant. Calle Beato Oriol.

— Qu'est-ce qu'il y faisait?

— Il y mourait bien péniblement, je pense, d'un coup de couteau dans le ventre... Le même genre de blessure que celle infligée jadis à votre père.

— Ce n'est pas vrai?

— Si, Miguel Lluji, et je serais curieux de savoir comment vous allez vous y prendre pour prouver que ce n'est pas vous qui l'avez tué?

C'était si évident que Miguel ne réagit pas. Quelqu'un d'autre avait assassiné Antonio Ribera qui aurait pu fournir des renseignements sur la mort de Paco. Était-ce pour cette raison qu'on l'avait abattu ou s'agissait-il simplement du crime stupide d'un rôdeur? Miguel avait trop l'habitude de ces histoires pour ne pas se rendre compte qu'il se trouvait dans la nasse sans aucun moyen de s'en échapper. La mort de Paco à venger, sa querelle avec Villar et ses hommes, sa présence dans le quartier où le meurtre avait eu lieu, tout le dénonçait. Le juge le plus scrupuleux n'hésiterait pas à l'envoyer à la garrotte. Lluji avala difficilement sa salive, mais plus qu'à son sort peu enviable, il songeait à celui de Concha. Si on le condamnait, que deviendrait-elle? Avec quoi vivrait-elle? Il n'avait voulu que poursuivre sa vengeance, ne prêter l'oreille qu'à la haine l'habitant depuis toujours, et voilà le résultat. Non seulement, il était vaincu, mais encore il entraînait dans sa chute celle qui ne lui avait jamais fait de mal, au contraire! sans compter que don Alfonso pouvait bien être rendu responsable des fautes de son subordonné, car on savait l'affection qu'il lui portait. Lluji regarda le commissaire.

— Alors? C'est la prison?

Martin ne répondit pas.

— Don Alfonso, en souvenir du vieux temps, je voudrais que ce soit vous qui préveniez Concha?

Avant de continuer, il attendit une réponse qui ne vint pas.

— Vous, vous saurez lui expliquer ce qu'il y a à expliquer. Je suis sûr qu'elle croira à mon innocence.

— Parce que tu t'imagines que moi je n'y crois pas?

Miguel en bâilla d'étonnement. Le commissaire fit le tour de son bureau pour venir se planter devant Lluji.

— Enfin, qu'est-ce qui se passe, Miguel? Es-tu devenu complètement idiot?

— Mais vous m'avez dit...

— As-tu tué Ribera, oui ou non?

— Non.

— J'aime mieux ça.

— Vous vous étiez vraiment imaginé que...?

93

— Je ne sais plus... Il y a en toi quelque chose de noué, de dur qui t'empêche de vivre normalement... Pour employer le jargon à la mode, tu es un type à complexes... Depuis trente ans, tu vis avec une idée fixe : venger ton père. Ta vie a été entièrement subordonnée à cette hantise. Et puis voilà maintenant une autre dette, la mort de Paco... Sans en prendre clairement conscience, Miguel, tu es devenu inhumain... Concha elle-même ne compte pas en face de ta haine. Ne proteste pas ! En t'attaquant seul à Villar et à sa bande, tu savais ce que tu risquais et la pensée du chagrin de doña Concha ne t'a pas arrêté... Tes collègues t'estiment mais ils ne t'aiment pas parce que tu leur fais peur. S'ils savaient ce que tu as fait cette nuit, il n'y en aurait pas un pour admettre ton innocence.

— Vous l'admettez bien, vous ?

— Tout juste, Miguel, tout juste ! Et pour cela, il ne faut pas que je me rappelle comment je t'ai vu hier soir dans le bureau de Puig, prêt à commettre un ou plusieurs meurtres. Seulement, je crois te connaître suffisamment pour savoir que tu n'es pas homme à assassiner de sang-froid, un comparse comme ce Ribera. On l'aurait trouvé mort chez lui, mon opinion serait différente, car au cours d'une discussion, sous l'emprise de la colère, tu es capable de toutes les bêtises. Mais le meilleur moyen de prouver que tu n'es pour rien dans le sort de Ribera, c'est de trouver qui a fait le coup. Donc, tu ne pars plus en vacances. A toi de jouer.

— Comment voulez-vous que... ?

— Je n'en sais rien. Seulement, mets-toi bien dans la tête que si Villar se persuade que tu es l'auteur de meurtre, je ne donnerai pas cher de ta peau : ou il te fera abattre par ses tueurs ou il déposera une plainte contre toi pour tes menaces publiques de cette nuit. On fera obligatoirement des rapprochements dangereux. A ce moment-là, je ne pourrai plus grand-chose pour toi.

— Qu'est-ce que vous me conseillez de faire, don Alfonso?

— D'abord et avant tout, te tenir tranquille, rester dans l'ombre, te faire oublier de don Ignacio et de son équipe. C'est dans ce but que j'ai demandé à Villar de nous recevoir cet après-midi à cinq heures.

— Vous n'allez tout de même pas m'obliger à lui présenter des excuses?

— Plus simplement tenter de l'amadouer à ton égard.

CHAPITRE V

Ignacio Villar ne lisait jamais les journaux avant
deux heures de l'après-midi, c'est-à-dire au moment où il se mettait à table dans le restaurant de la
plaza de Cataluña où il avait ses habitudes.

Don Ignacio ne se montrait calle de Vergara que
vers onze heures, tant il avait de la peine à quitter
la somptueuse villa — qu'il partageait pour le
moment avec Nina de las Nieves — sur les pentes
du Tibidabo et d'où il dominait tout Barcelone. Son
orgueil voyait un symbole et une assurance dans
cette situation géographique. Villar dormait peu et
son vrai plaisir consistait à passer deux ou trois heures dans son parc et dans ses serres soigneusement
entretenues où poussaient les fleurs les plus rares
car les fleurs étaient le souci premier de cet homme
sans pitié. Nina, qui connaissait la passion de
don Ignacio pour ses plantes exotiques, s'extasiait

sur les étranges monstres car il ne tolérait pas qu'on fît autre chose que les contempler. L'idée d'en couper une lui apparaissait comme un sacrilège. Pour orner la loge de sa maîtresse au cabaret de *Los Angeles y los Demonios,* et pour égayer son propre bureau, il envoyait chaque matin une de ses employées chez la fleuriste du Passo de Gracia.

Ce jour-là, en pénétrant dans son bureau, Ignacio Villar apparut de fort méchante humeur. Il ne répondit au salut de personne et Juanita qui avait cru bon de lui apporter son courrier avant d'être appelée s'était fait rabrouer. Don Ignacio ne digérait pas la scène de la nuit qui le vit aux prises avec l'inspecteur d'abord, avec le commissaire ensuite, ni l'attitude étrange, presque insolente de Gomez et encore moins celle de Nina qui ne l'avait pas attendu pour regagner la villa du Tibidabo. Lorsqu'il l'avait rejointe, elle lui avait montré un visage de bois. Pourtant, il eût aimé à ce moment-là trouver de la compréhension chez la jeune femme. Il eût souhaité qu'elle devinât l'inquiétude qui le travaillait et dont il ne pouvait lui faire part sous peine de déchoir à ses yeux. La hargne des policiers donnait à penser à Villar qu'une partie très dure s'engageait, plus dure que toutes celles menées jusqu'à présent et pour la première fois depuis très longtemps, il n'était pas certain d'avoir tous les atouts en main.

Don Ignacio était en train de houspiller la pauvre Juanita à qui il dictait une lettre en pensant à autre chose, lorsque Joaquin Puig fit irruption dans le bureau. Cette entrée sans discrétion cadrait si peu avec les manières de Puig que don Ignacio ne réalisa pas tout de suite l'incongru de la chose. Mais lorsque Joaquin commença à parler, il recouvra ses esprits et donna libre cours à son exaspération. A la fin du compte, tout le monde en prenait vraiment à son aise avec lui! Hier, les policiers et Nina, aujourd'hui, Puig!

— Don Ignacio, vous avez vu que...

— Qui vous a permis d'entrer ici sans vous faire annoncer Puig? Sans même frapper?

— Mais, don Ignacio...

— Sortez!

— Je vous assure que...

— Dehors! Et frappez avant d'entrer!

Subjugué, Puig sortit et toqua légèrement. Villar jeta un coup d'œil sur Juanita qui, pâle, regardait la scène en ayant l'air de n'y rien comprendre du tout mais d'avoir très peur. A la façon dont Puig heurtait la porte du doigt, on devinait que lui aussi ne se sentait pas tranquille. Rasséréné, don Ignacio sourit : on le craignait encore. Aussi, ce fut d'une voix presque aimable qu'il ordonna :

— Entrez!

Puig revint avec son éternel sourire devenu rictus.

— Alors, qu'est-ce que vous avez à me raconter de si important?

— Vous avez lu le journal, don Ignacio?

— Vous savez très bien que je n'ai pas le temps de me distraire avant le déjeuner... Qu'est-ce qui se passe? Encore la guerre? La révolution?

— Non, il s'agit de Ribera.

— Ribera? Quel Ribera?

— Le nôtre... Juan Ribera.

Villar éprouva de nouveau la morsure de l'inquiétude. Sèchement, il demanda :

— Qu'est-ce qu'il a fait ?

— Il est mort.

Décidément, on s'acharnait depuis quelques heures à bouleverser l'existence de don Ignacio jusqu'ici si tranquille avec juste ce qu'il fallait d'émotions pour la pimenter, mais pas des émotions de cette sorte ! Ne parvenant pas à saisir la réalité de la chose, son esprit flottait un peu. Il n'était plus habitué à subir les événements et il avait l'impression que les rênes lui glissaient entre les doigts. On aurait dit que depuis que Miguel Lluji avait porté la main sur lui, dans ce même bureau, quelqu'un essayait de faire craquer le masque du personnage qu'il jouait et qu'il avait su imposer aux autres. S'apercevant que Puig l'observait, il se reprit :

— De quoi est-il mort ?

— D'un coup de couteau.

Ainsi, on avait osé toucher à quelqu'un de son organisation ! De nouveau, une colère où se mêlaient l'humiliation de son autorité bafouée et une angoisse datant du moment où le policier l'avait giflé, le secouait. Il cria presque :

— Où est-ce que cela s'est passé ?

— Calle Beato Oriol... Sans doute quand il rentrait chez lui.

— Qui a fait ça ?

Puig haussa les épaules.

— On ne sait pas, don Ignacio... Mais pour moi, je ne serais pas étonné que ce soit ce flic... Vous avez entendu ses menaces à propos de la mort de Paco Volz ?

Villar n'eut pas le temps de répondre car la secrétaire venait d'émettre une sorte de râle fort désagréable à entendre et qui tenait du sanglot et de la protestation indignée. Furieux, don Ignacio se tourna vers elle, mais devant son visage ravagé, il n'osa l'injurier.

— D'abord, qu'est-ce que vous faites là, vous?

— Vous... vous ne m'avez pas dit de partir, señor...

— Vous ne savez pas que vous devez me laisser seul lorsque je reçois un ami? Et puis, qu'est-ce que vous avez?

— Je... je ne sais pas... Depuis ce matin, je ne me sens pas bien... J'ai la tête qui tourne... J'entends mal...

— Vous n'aviez qu'à rester chez vous!

— Je n'ai pas osé...

— Ramassez vos affaires et filez! Ne revenez ce soir que si vous êtes mieux.

Juanita sortit après avoir murmuré un au revoir gêné. Quand elle eut disparu, don Ignacio explosa :

— Une trouvaille de Nina! Ah! si je ne fais pas tout moi-même... et vous qui allez parler de Volz devant cette imbécile!

— Je ne l'avais même pas remarquée!

— Naturellement! Mais quand donc serez-vous capables d'agir comme des gens sensés, les uns et les autres? Dès que je ne suis plus derrière vous, c'est la catastrophe! Quant à mettre la mort de Juan au compte d'un flic, c'est un peu fort, vous ne croyez pas?

— Comme tous les timides, Puig était un entêté. En apprenant la mort de l'ancien torero, il avait

revu le visage convulsé de haine de Miguel Lluji.
Bien sûr, les policiers se transforment rarement en
assassins, mais, hier soir, ce flic offrait la figure
d'un tueur et c'était une coïncidence curieuse que
Ribera justement...

— Ecoutez, Joaquin, vous êtes le plus intelligent
de tous et il est bien dommage que vous n'ayez pas
grand-chose dans le ventre, car vous auriez pu devenir quelqu'un, mais enfin, c'est comme ça, c'est
comme ça et ce n'est pas à votre âge que vous chan-
gerez! Puisque vous avez un cerveau, servez-vous-
en! Votre hypothèse du flic assassin est idiote, un
flic, c'est comme un curé, dans un autre genre, il
y a des choses qu'ils ne font pas, qu'ils ne peuvent
pas faire, même s'ils le voulaient. Une sorte de
cran d'arrêt qui fonctionne en eux, vous comprenez?

— Je pense que oui, don Ignacio.

— Alors, il faut chercher qui a tué Ribera, Joaquin... je veux savoir si c'est un meurtre de
hasard...

— On ne lui a pas pris son argent.

— Une histoire de femme?

— Les femmes n'intéressaient guère Juan.

— Chez eux, il y a les mêmes haines, les mêmes
jalousies que chez nous.

— D'accord, don Ignacio, mais pour moi, cette
mort en pleine rue, sans bataille, sans vol, ça pue
la vengeance. Naturellement, je vais donner des or-
drès pour qu'on rassemble toutes les nouvelles qui
pourraient circuler dans le barrio.

Villar réfléchissait. Lorsqu'on ne l'attaquait pas
à l'improviste, il restait le grand Ignacio formé,

éduqué par Juan Gregorio dont ils étaient nombreux encore à révérer la mémoire. Simplement, ses nerfs se révélaient moins solides qu'avant. Quand on lui laissait le temps de se reprendre, il demeurait redoutable.

— Dites-moi, Joaquin... vous ne soupçonnez pas Miralès ou Gomez?

Surpris, Puig regarda le patron.

— Ce n'est pas possible, voyons, don Ignacio! Miralès était très lié avec Ribera et Gomez ne fréquente personne...

— Il est bien ce petit Gomez... Il faudra s'en méfier... Et vous?

— Moi?

— Vous n'aimiez pas beaucoup Juan et je me souviens de la vilaine façon dont il vous a traité à plusieurs reprises... et vous détestez qu'on vous humilie, Puig...

— C'est vrai, don Ignacio, je méprisais Ribera et ses grâces de matador déchu... Il continuait, l'imbécile, à se prendre pour un torero célèbre... mais je n'aurais jamais osé l'attaquer au couteau... Pour ce genre de besogne, on trouve des gens dans le barrio.

— Et qui me prouve que vous n'en avez pas trouvé?

— Mon dévouement pour vous, don Ignacio... Je n'ai jamais agi contre vos intérêts.

— Le plus curieux, Joaquin, c'est que c'est sans doute vrai. En attendant que nous sachions qui a descendu Ribera, votre idée va me servir à couler complètement ce petit flic et nous verrons bien si

Martin osera soutenir un de ses subordonnés soupçonné de meurtre !

Villar empoigna le téléphone et appela la Jefatura Superior de Policia.

Dans la rue, elle acheta un journal. Elle voulait lire ce qu'on disait de la mort de Ribera. Le meurtre était relaté en dernière page. Il avait été découvert trop tard pour que les journalistes aient pu avoir beaucoup de détails. L'auteur de l'article qui devait être un aficionado s'étendait sur la carrière du défunt. Il parlait des espoirs que ses débuts avaient suscités. Il rappelait les bons souvenirs laissés par Ribera à Bilbao lorsqu'il avait magnifiquement combattu un Miuja énorme et le triomphe remporté à Séville dans la Maestranza, au printemps de 1933, puis sa grave blessure de Salamanque après laquelle on n'avait plus retrouvé en lui ses qualités qui semblaient devoir le porter au tout premier rang. Durant la guerre civile on perdait la trace du torero que beaucoup s'imaginaient avoir disparu dans la tourmente. Nombre d'aficionados — affirmait le journaliste — n'auront su que Juan Ribera vivait encore qu'en apprenant sa mort. Le papier se terminait sur le souhait d'une prompte découverte de l'assassin.

Elle sourit. Et Paco? Qui se souciait de Paco? Qui demandait qu'on recherchât son ou ses meurtriers? Les policiers sans doute, et encore ! Elle aimait Paco. Elle aimerait toujours Paco parce que tout son avenir, elle l'avait lié à Paco et que, maintenant qu'il n'était plus là, plus rien ne l'intéressait hormis la vengeance. Elle voulait de toutes ses forces, de toute sa volonté que ceux qui avaient tué Paco et brisé sa vie, paient leur crime. Elle gagna son refuge habituel, l'église de Nuestra Señora de los Reyes et elle remercia la Mère d'avoir permis que Ribera fût le premier et la supplia de permettre que les autres aussi, tous les autres payassent le prix du sang versé.

Don Jacinto, le sacristain, à moitié dissimulé derrière un pilier, la regardait prier. Celle-là, il était sûr qu'elle avait le cœur pur, si pur qu'elle ne resterait pas bien longtemps parmi les hommes et les femmes de ce monde perverti. Bientôt — don Jacinto s'en voulait convaincu — la señora lui ferait le signe qui la délivrerait et l'enverrait frapper à la porte d'un couvent pour échapper à toutes les laideurs humaines.

Concha trembla en écoutant le récit que Miguel lui fit de son entretien avec don Alfonso. Elle remarqua que si son mari n'avait pas été l'ami du commissaire, il serait peut-être en prison à l'heure actuelle. La leçon semblait avoir porté et Lluji admettait l'inconséquence de sa conduite. Maintenant, il lui restait à affronter Villar, et cette éventualité ne l'emplissait guère d'optimisme. Don Ignacio n'avait sûrement pas oublié la gifle. Voudrait-il entendre raison? L'occasion de se débarrasser de Miguel apparaissait si extraordinaire que ce dernier voyait mal pour quels motifs son ennemi se priverait d'une victoire assurée. Mais peut-être don Alfonso avait-il une idée derrière la tête? Dans cette hypothèse résidait son dernier espoir. En dépit de la confiance qu'affectait Concha, Lluji tint à tout mettre en ordre au cas où il ne rentrerait pas.

Pour se rendre à la Jefatura, Lluji parcourut son périple habituel à travers la vieille ville. Aujourd'hui, plus que jamais, il tenait à repasser dans la rue Moncada. Il alla boire une tasse de café chez celle qu'il considérait comme sa nourrice. Mais, loin de le réconforter, cette promenade ne fit qu'aggraver son désarroi. Etait-il donc écrit que tous les Lluji devaient tomber sous les coups de la crapule? Penser que celui qu'il tenait pour le meurtrier de son père pouvait disposer de son sort, le mettait hors de lui. Il savait qu'en dépit de ses résolutions et des promesses à Concha, il ne pourrait pas se contenir si Villar l'insultait comme il l'avait fait la veille. Tandis qu'il remontait les ramblas, son esprit battait tellement la campagne qu'il regrettait de n'avoir pas pris une arme. S'il devait aller en prison pour un crime dont il était innocent, pourquoi ne pas abattre don Ignacio et s'en aller purger ensuite une peine méritée? Mais, à cause de Concha, il n'avait pas le droit...

Nina s'était enfin décidée à téléphoner d'un café des Ramblas où elle prenait le thé et la promesse d'un beau cadeau, en même temps que des excuses exprimées d'une voix tendre paraissaient l'avoir apaisée. De son côté, Juanita revint au bureau, son indisposition de la fin de la matinée oubliée. La journée finissait mieux qu'elle n'avait commencé et don Ignacio, ne pensant plus guère à cet imbécile de Ribera qui avait trouvé le moyen de se faire étriper par quelqu'un de ses petits amis, se sentait en pleine forme pour recevoir le commissaire Martin et l'inspecteur Lluji, lorsque la secrétaire lui annonça leur présence dans l'antichambre. Ils allaient voir ce qu'ils allaient voir, ces deux bonshommes et comprendre de quel bois Ignacio Villar se chauffait, quand il lui en prenait fantaisie. Il donna l'ordre de les introduire mais à l'entrée des policiers il affecta d'être occupé, prenant un malin plaisir — selon une technique qui lui était chère — à les laisser debout. Miguel tremblait de rage et don Alfonso dut lui serrer le bras pour le calmer. Relevant la tête au-dessus du dossier qu'il feignait de lire, don Ignacio parut apercevoir ses visiteurs.

— Asseyez-vous donc, je vais être à vous...

Il les fit mijoter quelques instants encore dans leur impatience puis, quand il jugea qu'il leur avait assez marqué le peu d'intérêt qu'il leur portait, il s'enquit :

— Vous avez demandé un rendez-vous, señor Commissaire. Je n'en ai pas très bien compris le motif. Je vous écoute.

— Don Ignacio, je suis venu vous voir avec mon adjoint pour que nous parlions un peu, si vous le voulez bien, de la mort brutale de Juan Ribera, un de vos employés.

Villar sourit. Il tenait la situation en main. Cassant, il répliqua :

— Je vous rappelle, señor Commissaire, que Ribera était l'employé de Joaquin Puig et le mien par voie de conséquence. Au surplus, je ne vois pas trop ce que nous pourrions dire puisque, aussi bien, il semble que vous ayez amené le meurtrier de Ribera avec vous?

Miguel fut sur le point de sauter à la gorge de Villar mais don Alfonso ordonna sèchement :

— Inspecteur !

Lluji, maté, se renfonça dans son fauteuil, la sueur au front. Paisible, le commissaire s'adressa à leur hôte :

— Je crois avoir entendu que vous accusiez l'inspecteur Lluji de meurtre sur la personne de Juan Ribera ?

— Exactement.

— Sans doute, possédez-vous des preuves indiscutables pour étayer une pareille accusation qui, autrement, relèverait de la diffamation ?

— Diffamation ? Laissez-moi rire ! Vous avez été en partie témoin de la scène odieuse à laquelle cet inspecteur s'est livré dans le bureau de Joaquin Puig, la nuit dernière ? Vous avez entendu ses menaces ? Que vous faut-il de plus ? Il a sans doute attendu que Ribera sorte, il l'a suivi, il l'a tué d'un coup de couteau... C'est clair, non ?

— Oh ! pour être clair, señor, c'est clair... même limpide, seulement, c'est faux, parce que j'ai reconduit moi-même l'inspecteur chez lui.

— Qu'est-ce que cela prouve ? Il est ressorti lorsque vous avez été parti, voilà tout !

— C'est que, voyez-vous, señor, je ne suis pas reparti...

— Vous ne voulez quand même pas me faire croire que vous avez passé le reste de la nuit chez lui ?

— Eh ! si, justement, señor, nous avons longuement bavardé.

— Longuement, je n'en doute pas et le sujet de

votre conversation devait être passionnant pour vous faire oublier l'heure à ce point?

— Passionnant, señor. Nous avons étudié les différents moyens que nous pourrions employer pour vous accuser du meurtre de Paco Volz.

Villar se dressa d'un jet.

— Vous vous permettez de m'accuser de...

— Vous accusez bien l'inspecteur, señor?

Don Ignacio se laissa retomber sur son siège. La partie se révélait moins facile qu'il ne se l'était imaginé. Doucement, il demanda :

— Naturellement, vous mentez, señor Commissaire?

— Qui peut savoir, señor?

— Vous affirmeriez sous la foi du serment que vous êtes resté auprès de Miguel Lluji toute la nuit?

— Vous-même, affirmeriez-vous sous la foi du serment, que vous n'êtes pour rien dans la mort de Paco Volz?

— Mais, bien sûr!

— Alors, moi aussi.

Miguel commençait à respirer plus librement. Il n'aurait jamais cru que don Alfonso l'aimait à ce point-là, au point de se parjurer, de renier la promesse faite en entrant au service. Il fallait qu'il fût vraiment convaincu de son innocence et Lluji eut envie de rire sans trop savoir pourquoi. Don Ignacio les observait tous deux et leurs visages aimables ébranlaient son sang-froid.

— Complices, hein?

— C'est un mot que vous connaissez mieux que nous, señor Villar.

On frappa à la porte et, sur la réponse de don Ignacio, Juanita entra. Villar trouvait enfin quelqu'un sur qui passer la colère qui le crispait.

— Qu'est-ce que vous voulez, vous? Je vous ai dit que je n'entendais pas être dérangé !

Médusée par cet accueil, la secrétaire s'était immobilisée entre la porte et le bureau.

— Vous êtes de nouveau malade, sans doute? A moins que vous ne teniez à savoir ce qui se dit ici? Alors? Vous répondez, oui ou non?

— Señor... c'est... c'est cette lettre... dans le courrier... Elle est marquée personnel et urgent... J'ai cru bien faire en... en vous l'apportant?

— Donnez-moi ça et fichez le camp !

La jeune fille fila sans demander son reste et, d'un geste nerveux, don Ignacio déchira l'enveloppe qu'on venait de lui remettre. A peine eut-il jeté les yeux sur la lettre qui lui était adressée, qu'il hurla à l'adresse de Lluji :

— Et maintenant, vous n'allez pas continuer à nier que c'est vous qui avez tué Ribera?

Il jeta à l'inspecteur le billet qu'il tenait à la main. Don Alfonso se pencha sur l'épaule de Miguel pour lire :

— Se recuerda de Paco (1)?

On avait attaché à ce court message, par une agrafe, l'article relatant la fin de l'ancien torero. Miguel eut chaud au cœur en voyant qu'un autre que lui songeait à venger Paco Volz. Don Alfonso, souriant, surveillait Villar.

— Et alors, señor?

— Cette missive démontre que l'assassin de Ribera a voulu venger la mort de Paco Volz et s'il a

(1) Vous souvenez-vous de Paco ?

choisi Ribera comme victime, c'est que l'inspecteur Lluji nous a tous accusés d'être les auteurs de la disparition de Volz !

— L'assassin se trouvait donc dans votre bureau ?

— Je pense bien qu'il y était puisque c'est Lluji ! Et tous vos alibis à la gomme ne m'empêcheront pas de porter plainte contre votre inspecteur !

Martin soupira et, se levant :

— Vous ferez comme vous l'entendrez, don Ignacio, mais c'est dangereux...

— Dangereux ? A cause de vos menaces de chercher à me coincer ?

— Non, parce que si vous admettez un instant que ce n'est pas l'inspecteur Lluji qui est l'auteur de ce meurtre, il vous faudra, du même coup, admettre que vous et votre bande, vous avez un ennemi acharné à votre perte, un ennemi qui — si j'en juge par la manière dont il a traité Ribera — ne reculera devant rien. Dans ce cas, vous aurez besoin d'être protégé et l'inspecteur Miguel Lluji est un très bon policier.

— Je peux me protéger tout seul ! Et puis Lluji n'est pas l'unique flic de Barcelone !

— Je doute que vous puissiez largement compter sur l'appui des autres quand ils sauront que vous vous en prenez injustement à l'un des leurs.

— Vous êtes un beau salaud, Martin...

— Vous me flattez, don Ignacio, bien que je ne vous arrive pas à la cheville...

Villar se rendait parfaitement compte que s'il avait tout à craindre de la haine profonde que lui portait l'inspecteur, le commissaire serait un adversaire bien plus redoutable encore. Il se croyait capable de se défendre assez facilement, le cas échéant, des fureurs vindicatives de Miguel Lluji. Contre l'amabilité paisible de don Alfonso, il craignait de ne pouvoir jouer assez serré. Don Ignacio savait très bien que Miguel Lluji n'avait pas tué Ribera. Il fréquentait la police depuis assez longtemps pour juger les hommes la composant. Les types du genre tueur ne se rangeaient pas parmi eux. Mais alors, qui avait abattu Ribera? Villar sentait qu'il ne retrouverait pas son calme tant qu'il n'aurait pas été répondu officiellement à cette question. Il voulait absolument qu'on lui dise si la mort de l'ancien torero relevait d'un banal règlement de comptes ou si, au contraire, on cherchait à l'atteindre lui, Villar, comme le billet reçu paraissait le présager. Dans ce cas, la sagesse n'exigeait-elle pas qu'il se fît un allié de la police? Les hommes du commissaire Martin, joignant leurs efforts à ceux de ses propres troupes, devraient pouvoir rapidement aboutir à un résultat et éclaircir un mystère qui, pour l'heure, l'irritait autant qu'il l'inquiétait. Trop souvent au cours de son existence aux limites de la loi, don Ignacio avait dû refréner ses sentiments pour ne pas accepter de renoncer à une vengeance immédiate qui ne lui servirait pas à grand-chose.

— Soit, don Alfonso... J'admets que l'inspecteur Lluji ne soit pour rien dans la mort de Ribera et dans l'envoi de ce papier imbécile mais, pour me convaincre définitivement, il faut que vous me trouviez le coupable!

— C'est pour nous, señor Villar, que nous allons le démasquer et lui mettre la main au collet.

III

— Quel qu'il soit?

— Quel qu'il soit et même si c'est vous, don Ignacio.

— Moi? Vous êtes fou! Pourquoi, diable! serais-je aller tuer ou faire tuer un de mes hommes?

Martin rectifia aimablement :

— Un des hommes de Joaquin Puig, don Ignacio, mais on pourrait trouver bien des raisons en vue d'étayer une telle hypothèse... Par exemple, que Ribera voulait vous faire chanter?

— Me faire chanter? Et à propos de quoi, je vous prie?

— Peut-être le trafic que couvre votre cabaret du barrio chino?

— Vous avez beaucoup d'imagination, señor Commissaire!

— Beaucoup, en effet, c'est nécessaire dans mon métier. Tenez, on pourrait également envisager que Ribera était au courant de la manière dont Paco Volz a quitté ce monde et qu'il vous menaçait de nous en faire part?

— Vous vous entêtez donc à m'attribuer la mort de ce garçon?

— Il me semble que votre correspondant partage ma manière de voir. Sur ce, señor, nous ne voulons pas vous déranger plus longtemps.

Les deux policiers se levèrent et se dirigèrent vers la porte. Villar, qui s'était dressé pour les saluer, voulut marquer un point avant de les laisser partir.

— Commissaire, il ne vous est pas venu à l'esprit que si j'avais quoi que ce soit à me reprocher, je n'insisterais pas pour que vous fassiez toute la lumière sur la mort de Ribera? Quelle raison aurais-je d'agir de la sorte?

— La meilleure des raisons, don Ignacio, la peur.

— Qu'est-ce que vous me chantez là?

— Vous avez peur, don Ignacio...

Sur le seuil, don Alfonso se retourna pour lancer :

— Et si vous voulez mon avis, señor, vous avez bougrement raison d'avoir peur !

CHAPITRE VI

Doña Mercedès, la femme du commissaire Martin, était une grosse commère dont la joyeuse humeur faisait tout le charme. De sa jeunesse sévillane, doña Mercedès gardait de beaux yeux noirs et son rire frais qui, à chaque instant, pour un oui, pour un non, emplissait l'appartement de la calle de Wellington d'où elle ne bougeait que pour se rendre chez ses fournisseurs, afin d'assouvir une gourmandise que l'âge ne ralentissait pas. Ayant depuis longtemps renoncé à retrouver la ligne d'autrefois qui lui permettait de danser toute une nuit sans connaître la fatigue, elle se bourrait de sucreries. Elle passait rarement un après-midi sans confectionner une de ces pâtisseries andalouses ruisselantes de miel et de sucre. Au début, don Alfonso essaya bien de se fâcher, mais la gaieté de sa compagne, que rien ne semblait devoir jamais altérer, triompha de son propre entêtement et le commissaire, abandonnant la lutte, se résigna à être le mari d'une énorme femme. Très vite, doña Mercedès, point sotte, se rendit compte de la chose et, se confinant chez elle, laissa son mari se rendre seul aux réceptions officielles et sortir quand il lui plaisait avec qui lui plaisait.

Cependant, si doña Mercedès refusait toutes les invitations, elle aimait à recevoir. Parmi tous les habitués de la calle de Wellington, elle réservait ses préférences aux Lluji. Elle estimait infiniment Miguel dont, par l'intermédiaire de son mari, elle avait suivi l'ascension et elle aimait beaucoup Concha, la sérieuse, la grave Concha, sans doute parce qu'elle ne lui ressemblait en rien. Quant à la femme de Lluji, lorsqu'elle se trouvait en présence de doña Mercedès, elle avait l'impression d'être avec un enfant dont le babillage qui, dans les débuts l'énervait, était devenu pour elle une sorte de bain de fraîcheur. Tandis qu'après le repas, les deux hommes s'en allaient fumer un cigare dans la bibliothèque de don Alfonso, les femmes se racontaient leurs petites histoires. Elles s'entendaient le mieux du monde, sauf lorsqu'il leur arrivait de mettre en balance les vertus des vierges dont elles se réclamaient. Concha tenait pour Nuestra Señora de la O, tandis que Mercedès jurait que nulle ne pouvait égaler la Macarena.

Au soir de cette journée si fertile en émotions, don Alfonso avait tenu à avoir les Lluji à sa table. Il se doutait que la colère de son mari contre Villar et ses imprudences avaient dû faire passer de très pénibles moments à Concha et, d'autre part, il voulait s'assurer que Miguel était sincèrement disposé à l'écouter et à suivre ses conseils. Le dessert avalé et la première tasse de café bue, don Alfonso entraîna Miguel dans son repaire particulier pendant que Concha aidait Mercedès à desservir.

Sitôt qu'ils eurent pris place dans les fauteuils et allumé leurs cigares, Martin attaqua :

— Tu te rends bien compte, Miguel, qu'entre Villar et nous, c'est, désormais, une lutte à mort qui ne se terminera que par son arrestation ou notre démission ?

— Bien sûr, don Alfonso, et je vous remercie de...

— Garde tes remerciements. Je hais Villar autant que toi, pas pour les mêmes raisons peut-être, mais avec autant de force. Je veux en débarrasser Barcelone et je l'en débarrasserai ou je m'en irai. Notre chance est que, pour l'instant, il a peur. Or, un homme qui a peur est enclin à faire des bêtises. C'est là que je l'attends. D'autre part, nos indicateurs du barrio ont reçu l'ordre de tout abandonner pour s'occuper uniquement de *Los Angeles y los Demonios*. De ce côté, c'est tout ce que je peux faire. Reste le meurtre de Ribera, qui ne me semblait guère intéressant — si j'en excepte le fait que Villar voulait te le coller sur le dos et que tu t'étais conduit d'assez sotte façon pour que cette accusation ait pu tenir — jusqu'à la réception de cette curieuse lettre.

— Vous croyez que c'est le meurtrier qui l'a écrite ?

— Je n'en sais rien. Ce peut être l'assassin et, dans ce cas, il nous faut admettre que l'assassinat de Ribera n'est pas une fin en soi et que les autres membres de la bande sont menacés, ou bien c'est quelqu'un qui a voulu profiter de l'événement pour affoler Villar, quelqu'un qui est au courant de la mort de Paco Volz alors que personne, pas même les journaux, n'en ont parlé. Ce ne serait pas toi, par hasard, qui aurais voulu jouer un sale tour à don Ignacio ?

— Je vous jure que non.

— Je te crois, mais ça complique tout. Paco ne t'a jamais parlé des amis qu'il aurait pu avoir ?

— Non.

— Des parents ?

— Aucun, à part la vieille femme qui lui a servi de mère et sa fille.

— Il faudra voir de ce côté.

— Je ne pense pas que ni l'une ni l'autre ait pu s'attaquer à Ribera avec un couteau.

— Moi non plus, mais nous ne devons rien négliger. Comprends-moi bien, Miguel : nous allons mener une double action. L'une, au grand jour, et qui consistera à rechercher l'assassin de Ribera, tu en prendras la direction de manière à ce que Villar se préoccupe surtout de ce que tu fais; l'autre, sera menée dans l'ombre et n'aura qu'un but : attraper Villar la main dans le sac. Tu es d'accord ?

— Je suis d'accord, don Alfonso, mais promettez-moi — si vous parvenez à faire tomber Villar — que c'est moi qui l'arrêterai ?

— Je te l'ai déjà promis, tête de mule !

Pendant ce temps, dans la cuisine, les deux amies bavardaient. Doña Mercedès avait donné à doña Concha la recette de son dernier gâteau, puis, comme toujours, ces dames parlèrent de leurs époux respectifs. La femme de don Alfonso, une fois de plus, se félicita d'avoir uni son sort à un homme qui s'affirmait le meilleur des maris. Pour doña Concha, elle ne put taire ses inquiétudes au sujet de Miguel, toujours tendu, toujours nerveux et sans cesse obsédé par ses idées sombres. Elle confia à son hôtesse ses soucis quant à la santé de l'inspecteur qui semblait incapable de goûter un vrai repos puisque chaque nuit, ou presque, il avait un mal fou à trouver un sommeil traversé de cauchemars. Emue — ainsi qu'elle l'était à chaque fois que quelqu'un qu'elle aimait lui contait ses peines — doña Mercedès alla chercher dans sa pharmacie un somnifère qu'elle conseilla vivement à Concha de faire prendre à Lluji pour qu'il puisse se reposer. La femme de Miguel ne se montra pas autrement enthousiaste, son mari détestant tout ce qui était remède et se flattant de n'avoir absorbé au cours de sa vie que ce qu'on lui avait fait ingurgiter de force dans son enfance ou durant ses séjours à l'hôpital. Pourtant, ce soir-là, lorsque les Lluji regagnèrent leur domicile de la calle Rosellon, Concha fut bien obligée de s'apercevoir que son époux était loin d'avoir retrouvé la sérénité que don Alfonso exigeait de lui. Miguel, comme il l'expliqua à sa femme, convenait que le plan de Martin s'affirmait sans aucun doute excellent, mais il ne nourrissait pas d'illusions : en vérité, son ami l'écartait de l'affaire essentielle et si Villar tombait, ce serait un autre que Lluji qui aurait vengé son père, un autre que lui qui vengerait Paco, et cette idée, il ne parvenait pas à s'y accoutumer. En tout cas, il se montrait résolu, sans trop en parler au commissaire, à rechercher l'auteur de la lettre envoyée à don Ignacio et, s'il le découvrait, il n'était pas du tout certain de le dénoncer à son chef. Concha s'en scandalisa :

— Tu manquerais à ton devoir, Miguel !

— Mon devoir est de punir l'assassin de mon père et celui de Paco !

Comme il recommençait à s'énerver, Concha n'insista pas. Elle convainquit Miguel de se coucher et elle dut user de toutes ses forces de persuasion pour l'amener à prendre les cachets de doña Mercedès. Il s'y décida avec beaucoup de répugnance. Lorsqu'il fut au lit, Concha s'allongea à côté de lui et lui prit la main, ainsi qu'on le fait aux bébés, pour qu'ils s'endorment plus vite.

Il y avait grande réunion dans le bureau de Joaquin Puig. Villar présidait. Nina de las Nieves, Gomez, Miralès et Puig lui-même l'écoutaient leur exposer la situation. Bien que don Ignacio s'efforçât de n'en rien laisser paraître, les autres devinaient son souci. Le rassemblement de la bande avait pour but de savoir si Paco Volz s'était lié d'amitié avec d'autres garçons dans le barrio, s'il avait de la famille. Villar suivait le même chemin que don Alfonso et pour les mêmes raisons : trouver l'expéditeur de la lettre. Puig persistait à croire que cet inconnu s'appelait Lluji, en qui il voulait voir l'assassin de Ribera. Les deux faits correspondaient trop bien au meurtre du policier pour qu'on puisse hésiter à les lui attribuer. Pour Gomez, le meurtre de

Ribera était un accident, mais il était possible que
Lluji en ait profité pour tenter de semer le trouble
chez ceux qu'il considérait comme ses adversaires.
Miralès n'avait pas d'opinion, sinon que le plus simple serait de lui donner la permission d'en finir au
plus vite avec ce flic. On le rabroua vertement et
on lui interdit de prendre la moindre initiative.
Nina, qui semblait avoir oublié son ressentiment
à l'égard de don Ignacio, conseillait, elle aussi, la
prudence. Elle ne put cependant obtenir de grands
éclaircissements sur ce Paco dont la disparition avait
mis le feu aux poudres. Tout ce qu'elle apprit de
Villar c'est que ce garçon était un indicateur de
police engagé par Puig à la légère. Il avait fallu
s'en débarrasser quand on s'était aperçu qu'il s'intéressait de trop près aux activités de la maison.
Il n'ajouta pas qu'il n'avait pas du tout l'intention
de tuer Paco — s'imaginant qu'il agissait pour son
propre compte — jusqu'au moment où l'inspecteur
Lluji l'avait réclamé pour un des siens. Miralès se
mit tout d'un coup à rire. Il se rappelait la surprise
de Paco — enfermé depuis trois semaines — lorsque
Ribera, Gomez et lui le convièrent à une petite
promenade, Volz, qui d'abord crut à sa libération,
avait rapidement compris et il était mort courageu-
sement. Mais, de l'avis de Miralès, on avait été
trop doux, parce que bien traité — c'est-à-dire selon
les méthodes utilisées par l'ancien boxeur durant la
guerre civile — il ne fait pas de doute que Paco eût
parlé et raconté des choses intéressantes. Depuis
son dernier combat, celui après lequel on ne lui
avait plus permis de boxer, Miralès parlait souvent
seul et ne pouvait suivre une idée sans l'exprimer

à haute voix. C'est ainsi que les autres surent sa façon de voir en ce qui regardait la manière dont on s'était débarrassé de Paco. Ils n'y prêtèrent pas attention, sauf Nina qui haïssait Miralès, qu'elle redoutait. Elle ne put s'empêcher de lui répondre :

— Vous feriez mieux de vous taire que de dire des saletés pareilles, Miralès. Il faut croire que vous êtes aussi laid au-dedans qu'au-dehors. Un vrai monstre...

Ils rirent de la mine de Miralès, à qui ça ne plaisait pas du tout qu'on lui fasse remarquer sa laideur. Il ne nourrissait pas d'illusion sur sa beauté, simplement il ne voulait pas qu'on en parle et si cette Nina n'avait pas été la maîtresse du patron, il lui aurait cogné dessus pour voir si son nez, à celle-là, résistait aux coups. Après ce combat de Santander, où il était descendu du ring sur une civière, il ne s'était pas reconnu en se regardant dans la glace du vestiaire. La petite qu'il avait avec lui, à cette époque, hurla en voyant son visage. Alors, il l'avait frappée pour la faire taire, mais trop fort et les gardes civils étaient venus le chercher. Heureusement pour lui, la gosse survécut et les psychiatres estimèrent que Miralès était « sonné ». Il s'en tira avec quelques mois dans un asile. Il paraissait être remis quand on lui rendit sa liberté, mais lui seul savait que, de temps à autre, le vertige qui l'avait aveuglé à la fin de son combat, à Santander, l'empêchant de parer les coups qu'il ne voyait plus venir, l'empoignait encore parfois. Dans ces moments-là, il buvait de l'alcool pour retrouver son équilibre et il devenait méchant en même temps que craintif, car il redoutait ces directs, ces crochets pouvant jaillir du monde vacillant qui l'entourait. Cette Nina, s'il l'avait tenue dans un coin... Et voilà que cette saleté de brouillard recommençait à lui trouber la vue ! Il se passa la main sur les yeux, mais il n'y avait rien à faire... La ronde folle se mettait en branle ! Et dire que tout cela ne serait pas arrivé s'il ne s'était pas si sottement découvert au cours du septième round et encaissé de plein fouet cet uppercut qui lui avait mis toutes les cloches de la cathédrale de Santander dans la cervelle ! Assis sur sa chaise, jambes écartées, le torse penché en avant, Miralès commença à balancer lentement la tête, puis le buste, de droite à gauche, comme ces taureaux qu'on voit parfois dans les pâturages d'été, harcelés par la chaleur et les mouches, et qui paraissent brasser leur colère dans ce mouvement de balancier avant qu'une rage aveugle ne les jette en avant. Gomez, qui connaissait bien l'ancien boxeur, s'aperçut de son état. Il profita d'un instant où Nina et Villar échangeaient quelques mots à voix basse pour venir s'asseoir près de son copain. Lui posant une main sur la cuisse, il demanda :

— Ho !... Juan, quelque chose qui ne va pas ?

L'autre leva sur l'Andalou un regard vitreux. Il le distinguait mal dans ce tourbillon au milieu duquel il était perdu. D'une voix incertaine, il s'enquit :

— Ça va bientôt être mon tour ?

Il se croyait encore au moment de monter sur le ring pour rencontrer cet Aragonais de malheur qui lui avait infligé la terrible punition ayant mis fin à sa carrière. Un coup de poing avait arrêté sa vie à une minute précise, vieille maintenant de plus de vingt ans, et sitôt que sa crise le reprenait, son esprit malade retournait au vieux rendez-vous où il était toujours exact en dépit des années écoulées. Gomez, qui était au courant de son histoire, lui chuchota :

— Pas encore... Repose-toi... Je viendrai te chercher.

— Je ne le laisserai pas durer plus de cinq rounds, cet Aragonais !

— J'en suis sûr... Détends-toi, Juan...

Esteban Gomez était toujours impressionné par cette espèce de bataille sans fin que Miralès livrait contre le temps, voulant sans cesse refaire ce qui avait été irrévocablement fait. Laissant le boxeur à ses songes, il se rapprocha des autres pour leur chuchoter son inquiétude touchant Juan. Alors, à leur tour, ils l'observèrent de loin et Nina ne put réprimer un frisson devant cette brute dont l'intelligence vacillait et qui, là-bas, sur sa chaise, dodelinait de la tête en bavant. Elle soupira, écœurée :

— Il est affreux !

— Peut-être, mais il vaut mieux ne pas le lui dire comme vous l'avez fait tout à l'heure, señorita... C'est ce qui a déclenché sa crise.

Nina, qui n'aimait pas l'Andalou, le toisa avec hauteur :

— Quand je voudrai une leçon, Gomez, je vous sonnerai !

Esteban serra les dents. Dans son pays, une femme qui parlerait sur ce ton à un homme n'aurait pas envie de recommencer, mais ces Catalans, ils acceptaient tout ! Villar, se rendant compte de l'état d'esprit de Gomez, intervint :

— Il a raison, Nina. Tu ne dois pas te mêler des histoires de Miralès. Occupe-toi de tes chansons et, pour le reste, fiche-nous la paix !

— Très bien, Ignacio ! Puisque tu donnes toujours raison à tes voyous, je rentre ! Bonne nuit !

Villar enrageait de s'entendre parler de cette façon devant ses hommes. Il se dressa, furieux :

— Nina, tu vas me faire le plaisir de...

La porte du bureau, en se refermant sur la chanteuse, lui coupa son discours. Pour ne pas perdre la face, il tenta de rire, mais Gomez ne fut pas dupe et il commença sérieusement à se demander si don Ignacio, vieillissant, serait longtemps encore à la hauteur de la tâche dont l'existence de tous dépendait.

Gomez arracha Miralès du bar où il ingurgitait du cognac sous prétexte de retrouver sa lucidité et l'emmena avec lui. L'Andalou, fin et subtil, s'était pris d'une étrange affection pour cette brute à l'intellect rudimentaire.

— Tu es saoul, Juan...

— J' suis pas saoul... mais, j'y vois plus bien... c'est ce vertige... tout tourne... tu comprends ?

— Je vais te ramener chez toi.

— Si je ne me présente pas sur le ring, ils vont me disqualifier et ils retiendront ma bourse !

L'ivresse et le rêve ancien se mélangeaient pour créer une sorte de monde irréel. Gomez, qui avait hérité de lointains ancêtres arabes la peur respectueuse des déments, était fasciné par cette confusion

124

qui niait le temps. Il entrait dans le jeu parce qu'il savait l'inutilité de raisonner avec son compagnon tout entier la proie de ses fantômes et aussi parce qu'il goûtait une sorte de plaisir à vivre quelques instants ailleurs que dans le monde l'entourant.

— Tu te reposeras juste un moment.

— Tu crois que je ne serai pas en retard?

— Bien sûr, voyons! Sans cela je ne t'emmènerais pas.

Rassuré, Miralès partit de son grand pas hésitant qui le faisait trébucher dans un autre univers.

Ils descendirent la rambla de los Capuchinos et tournèrent à gauche dans la calle de Escudellera. L'ancien boxeur ne cessait pas de discourir. Tout en prenant garde à ce que son camarade ne s'emmêlât point les jambes — surpris par une chute inopinée, il n'aurait pas la force de le retenir — Gomez écoutait le délire ne tenant aucun compte de ce qui s'était passé. Peut-être, après tout, que ces crises secouant Miralès étaient les seuls moments vraiment heureux de son existence puisque, par elles, il effaçait tout et recommençait sans cesse ce qu'il avait raté. Gomez en arrivait presque à l'envier. Recommencer!... Si l'on pouvait recommencer! Esteban resterait dans l'élevage du Guadalquivir, dont il serait maintenant le chef. Mais la guerre civile l'avait arraché à vingt ans aux douceurs andalouses et il s'était imaginé que tout lui était offert. Il lui avait fallu plusieurs années pour comprendre la vanité du mirage où il s'était follement complu. N'ayant plus le goût de travailler pour des salaires ridicules, il avait connu la misère et don Ignacio l'avait embauché alors qu'il était tout près de mourir de faim. Non, on ne recommence jamais...

Ils tournèrent encore à droite dans la calle Nueva de San Francisco où débouche la petite calle Bull dans laquelle logeait Miralès. Gomez était fatigué, car l'autre pesait lourdement sur lui. Il le hissa jusqu'à sa chambre et le bascula sur le lit.

— Là... Dors bien, Juan... Tu seras en pleine forme quand tu te réveilleras.

— Dis, Esteban, tu crois que je le battrai, cet Aragonais ?

— Ça ne fait pas question ! Une seule main te suffirait !

— C'est bien ce que je pense... Après, on aura la bonne vie, Gomez, tu verras... la bonne vie !

— Entendu, amigo, dors...

L'Andalou se retira sur la pointe des pieds. En sortant, il crut bien apercevoir une ombre qui se glissait dans une encoignure de porte, mais il n'y prêta pas autrement attention. Sans doute un clochard cherchant un abri pour les dernières heures de la nuit. Mais, homme de précaution, Gomez sortit son couteau, qu'il ouvrit avant de le glisser dans sa manche.

Gomez n'était pas parti depuis dix minutes que Miralès tomba de son lit en croyant s'effondrer sur le ring à la suite d'un mauvais coup de l'Aragonais qu'il n'avait pu esquiver. Il se releva d'un bond, pour ne pas être compté par l'arbitre et puis, hébété, il regarda autour de lui. Qu'est-ce que signifiaient cette obscurité et ce silence ? Il n'était donc pas sur le ring ? Mais alors, où se trouvait-il ? Il n'était pas mort, tout de même? Une angoisse folle lui tordit les tripes et il cria :

— Gomez!

A ce moment, la porte de sa chambre s'ouvrit doucement. Il demanda :

— C'est toi, Gomez?

L'Andalou ne répondit pas, mais s'avança vers Miralès.

— J'ai peur, Esteban...

Pourquoi son ami ne lui parlait-il pas? Et cette obscurité qui l'empêchait de voir quoi que ce soit... La lune sortant d'un nuage glissa un rayon par la fenêtre de la chambre et éclaira la silhouette qui approchait. Elle parut à Juan plus petite que celle de son copain. Médusé, l'ancien boxeur n'avait même pas l'idée de bouger. C'était forcément Esteban! Ce ne pouvait être un autre qu'Esteban! Esteban, son ami... Mais pourquoi ne prononçait-il pas un mot? L'autre fut contre lui avant qu'il ait compris quoi que ce soit. Pourtant, il dit encore :

— Esteban...

La douleur qui lui traversa brutalement le corps le fit d'abord penser à ce coup bas reçu au cours d'un combat à Oviedo et qui avait entraîné la disqualification de son adversaire. Mais Juan était trop étonné pour penser à sa souffrance et en mesurer les limites. Pourquoi Gomez l'avait-il frappé? Un ami comme Gomez! Le visiteur était déjà sorti que Miralès, encore debout, essayait de comprendre. Puis, la douleur le submergea. Il fléchit sur les genoux. Son esprit luttait encore, mais incapable de s'évader complètement du vieux rêve. C'était un coup bas! Pourvu que l'arbitre s'en soit rendu compte! Miralès, avant de tomber, essaya d'attirer l'attention des juges :

— *Es un golpe...*(1).

Il s'écroula sur les genoux, comme le bœuf frappé par le maillot du tueur, à l'abattoir, et il se mit à hurler, tout entier la proie de cette souffrance atroce qui lui brûlait le ventre.

(1) C'est un coup...

CHAPITRE VII

— *En nombre de la ley! Abra!* (1).

Esteban, qui dormait, sursauta dans son lit. A travers son sommeil, il n'avait pas très bien compris les mots qu'on criait de l'autre côté de la porte, mais les coups de poing, heurtant celle-ci l'arrachèrent aux brumes de la nuit.

— *Gomez! Sabemos esté aqui! En nombre de la ley, abra!* (2).

L'Andalou se rappelait avoir été réveillé une fois par la police, un matin, et cela lui avait valu quelques années de prison. Il lança :

— *Un momento!*

Tandis qu'il enfilait son pantalon et ses chaussures, il repensait attentivement à ses actes des dernières semaines et, à moins que don Ignacio ait

---

(1) Au nom de la loi ! Ouvrez !
(2) Gomez ! Nous savons que vous êtes là !

parlé, il ne voyait vraiment pas... Les autres s'impatientaient et leurs coups contre la porte se multipliaient. Gomez haussa les épaules. Sans doute une rafle. On l'emmènerait au poste et Villar le ferait relâcher. Ce ne serait pas la première fois. Mais il se souvint de la manière insolente dont Nina de las Nieves s'était comportée à l'égard de don Ignacio. Si le patron se dégonflait, les choses pouvaient aller loin, sans compter cette histoire de Paco... Il jeta un coup d'œil par la fenêtre. Une voiture de police attendait en bas. Il ne s'agissait donc pas d'une rafle. Les flics s'étaient dérangés pour lui seul. Esteban commença à avaler difficilement sa salive. Il ne voulait pas retourner en prison. Mais où fuir, et comment ? Il ne possédait pas d'argent, pas d'amis. Et puis, il avait pris goût à l'existence bourgeoise qu'il menait. Il ne se sentait plus le courage de courir les routes en se méfiant de la police.

— *Entonces, Gomez? Abre la puerta o si la derribamos* (1)?

Trop tard, Esteban... Tu es piégé comme un rat dans une souricière. Il prit une inspiration profonde, adressa une prière muette à la Macareña qui lui souriait derrière sa grille de fer forgé et ouvrit. Sur le seuil, se tenaient l'inspecteur Lluji et deux flics en uniforme. Avant d'entrer, le policier remarqua :

— Vous en avez mis un temps, à vous décider !

— Je ne me couche pas tout habillé, inspecteur.

— Ça va... Montrez-moi votre couteau.

(1) Alors, Gomez ? Vous ouvrez la porte ou si nous l'enfonçon ?

131

— Mon couteau?

— Vous n'allez pas nous obliger à le chercher, j'espère?

— Non... évidemment...

Il était complètement désemparé, Esteban Gomez. Pourquoi lui réclamaient-ils son couteau? Il le tendit à l'inspecteur qui, avant de le recevoir, mit des gants. L'Andalou comprit. On le soupçonnait de quelque chose de bigrement grave. Heureusement qu'il ne s'était pas servi de son couteau pour Paco. Lluji examina soigneusement l'arme avant de l'envelopper dans son mouchoir et de la fourrer dans sa poche. Montrant les vêtements jetés sur une chaise, il demanda :

— Ce sont ceux que vous portiez cette nuit?

— Oui, pourquoi?

— Otez votre pantalon!

Esteban savait que Lluji ne dirait rien, espérant l'affoler, mais il lui montrerait qu'il avait les nerfs aussi solides que lui. Il enleva paisiblement son pantalon dont Miguel s'empara après en avoir vidé les poches sur la table. Il fit de même avec la veste, prit encore la chemise et la cravate, puis commanda à un de ses hommes d'empaqueter le tout et de l'emporter. Gomez voulut crâner :

— Pour monter votre garde-robe, inspecteur?

— Habillez-vous!

— Si vous me fauchez mes vêtements, vous allez rendre l'opération difficile!

On ne lui répondit pas et il dut prendre dans son armoire un autre complet. Ce lui fut très désagréable de s'habiller sous le regard hostile des trois flics. Quand il eut terminé, il se tourna vers Lluji :

— Et maintenant?

— Suivez-nous!

— Où m'emmenez-vous?

— Vous ne vous en doutez pas?

Gomez haussa les épaules.

— Si, bien sûr, mais pourquoi?

— On vous l'expliquera là-bas.

Ils ne voulaient décidément rien dire et Esteban se résigna, s'en remettant à sa chance et à sa protectrice, la Macareña.

Malgré le tôt de l'heure, le commissaire Alfonso Martin était dans son bureau lorsque Miguel Lluji y entra en compagnie de Gomez. L'Andalou tint à cacher son inquiétude sous une insolence.

— Ça vous prend souvent ces fantaisies, señor Commissaire : arracher d'honnêtes gens au sommeil pour les embarquer sans même leur donner les raisons de cet abus de pouvoir?

Feignant la surprise, don Alfonso regarda Lluji.

— Vous avez troublé le repos d'honnêtes gens, inspecteur?

— Pas que je sache, señor Commissaire.

— Cela m'aurait étonné de vous, inspecteur.

Esteban tremblait de rage. Les deux policiers se moquaient visiblement, ostensiblement de lui.

— Vous avez son couteau, Lluji?

— Je l'ai envoyé au laboratoire avec ses vêtements.

— Alors, il n'y a qu'à attendre.

Gomez avait beau savoir que le silence régnant dans le bureau faisait partie de la mise en scène destinée à le démoraliser, il ne parvenait pas à maîtriser son exaspération. Le commissaire compulsait un dossier et l'inspecteur lisait un carnet couvert de notes. Ni l'un ni l'autre ne semblaient se soucier de la présence d'Esteban.

— Est-ce que je pourrais téléphoner à Ignacio Villar?

Gomez attendit en vain une réponse. Il se leva mais, sans sortir le nez de ses papiers, don Alfonso ordonna:

— Restez à votre place, Gomez, et taisez-vous!

Esteban s'immobilisa, mais la colère le fit exploser.

— Vous n'avez pas le droit! Vous entendez, señor Commissaire? Vous n'avez pas le droit de me retenir!

Martin s'adressa à Lluji:

— Vous croyez, inspecteur, que je n'ai pas le droit de retenir le señor Gomez?

— Je pense que si, señor Commissaire.

— Vous me rassurez, mais peut-être ferait-on bien de consulter un éminent juriste?

— A cette heure-ci, señor Commissaire, les éminents juristes dorment.

— C'est juste. Cependant, il se pourrait que le señor Gomez connaisse un éminent juriste qui se ferait un plaisir de se lever et de venir discuter son point de vue?

Esteban protesta:

— Pourquoi m'empêchez-vous de téléphoner à Ignacio Villar?

Don Alfonso joua la surprise.

— Vous saviez, Lluji, que le señor Villar était un juriste?

— Première nouvelle, señor Commissaire!

— J'ai l'impression que le señor Gomez doit confondre avec quelqu'un d'autre.

— C'est aussi mon sentiment, señor Commissaire.

L'Andalou, parti à la dérive, hurla :

— Assez! assez! finissez de vous foutre de moi! Dites-moi plutôt de quoi je suis accusé?

— Vous avez accusé le señor Gomez de quelque chose, inspecteur?

— Je m'en serais bien gardé, señor Commissaire!

— Vous voyez, señor Gomez?

— Mais alors qu'est-ce que je fais ici?

— Vous êtes supposé vous relaxer en attendant de répondre aux questions que je vous poserai.

— A quel sujet?

— Au sujet de la mort de Juan Miralès.

— Hein!

Ils l'épiaient tous deux, sous leurs airs bonasses. Gomez s'en rendait parfaitement compte, mais l'annonce de la mort de l'ancien boxeur le stupéfiait à un point tel qu'il ne songeait pas à cacher son désarroi.

— Juan est mort?

— Tout ce qu'il y a de plus mort.

— Mais... comment?

— Couteau.

— Vous voulez dire qu'on l'a tué?

— Aucun doute là-dessus.

— Où?

— Dans sa chambre.

— Ce n'est pas possible!

— Pourquoi?

— Mais, parce que...

Gomez s'arrêta subitement, conscient de ce qu'il avait failli dire et don Alfonso, doucement, enchaîna :

— Parce que vous étiez avec lui.

— Mais quand je l'ai quitté, il dormait !

Le piège, qu'il voyait clairement se refermer sur lui, faisait perdre toute prudence à l'Andalou.

— Le plus curieux, voyez-vous, señor Gomez, c'est qu'avant de rendre le dernier soupir, Miralès a articulé très distinctement la question suivante : « Pourquoi, Esteban? » Vous vous prénommez bien Esteban?

— Oui.

— Comme c'est ennuyeux...

— Enfin, pour quelles raisons aurais-je tué Miralès?

— Si vous êtes l'assassin, vous les connaissez mieux que moi... Peut-être à cause de la mort de Paco Volz?

— Je ne connais pas ce type-là.

— Bizarre... Il travaillait à *Los Angeles y los Demonios,* où vous êtes vous-même employé, je crois?

— Ce n'est pas une raison !

— Excusez-moi, je pense que si.

— Je n'ai pas tué Juan, señor Commissaire, il était mon ami.

— Un ami bavard est aussi dangereux qu'un ennemi.

Don Ignacio avait passé une nuit réduite à quelques heures épouvantables Nina n'était pas rentrée.

Lorsqu'il ne l'avait pas trouvée à la villa en arrivant, il avait téléphoné à Puig en lui ordonnant de la faire chercher dans toutes les boîtes de nuit de Barcelone et, jusqu'à quatre heures du matin, il avait attendu près du téléphone. Enfin, Puig venait de l'appeler pour dire que Nina de las Nieves restait introuvable. Villar se coucha en proie à une rage froide. La fille ne se moquerait pas de lui plus longtemps. Sa fugue de cette nuit serait la première et la dernière. Il allait la mettre au pas. Il frémissait de honte en songeant à la manière dont elle était sortie du bureau de Joaquin, sous l'œil narquois de Gomez. D'abord, il commencerait par la supprimer du programme du cabaret. Elle vendrait des cigarettes dans la salle comme une débutante et si elle faisait mine de vouloir partir, on lui offrirait un voyage dont elle ne perdrait pas le souvenir. Au surplus, don Ignacio chargerait Gomez de la surveiller et, le cas échéant, de s'occuper un peu d'elle.

A sept heures, la sonnerie du téléphone arracha Villar à un repos fiévreux. C'était encore Puig, mais un Puig dont la voix chevrotante laissait présager les pires nouvelles. Don Ignacio crut qu'il allait lui annoncer la mort de Nina et sa gorge se serra, car, malgré tout, il l'aimait, cette petite. Quand il sut qu'il s'agissait seulement de Miralès, il respira plus vite, délivré.

— Vous n'êtes pas un peu cinglé, Puig, de me réveiller pour parler de cette brute?

— C'est que, patron, il est mort, lui aussi !

— Mort?

— Tué dans sa chambre, d'un coup de couteau au ventre, comme Ribera.

— Ah... bon, eh bien! j'aviserai... Je vous verrai sans doute ce matin... En attendant, tâchez de recueillir le plus d'informations possible.

Lentement, don Ignacio raccrocha l'appareil. Il n'avait plus sommeil du tout. Ainsi, quelqu'un s'acharnait contre ses hommes avant de s'en prendre vraisemblablement à lui. Qui donc pouvait être cet ennemi encore sans visage? Il passa une robe de chambre, entrouvrit la porte de Nina pour constater que le lit n'était pas défait, écrasa un juron entre ses dents et gagna son bureau où, s'installant dans un fauteuil, il alluma sa première cigarette et se mit à réfléchir. La menace pesant sur sa personne sur les siens le rendait à lui-même. Une nouvelle jeunesse courait dans ses veines. Il remplacerait Ribera et Miralès. La main-d'œuvre, pour ce genre de besogne, ne manquait pas dans le barrio. Villar se demandait, avec une certaine impatience, s'il recevrait encore une lettre où, à propos de la disparition de l'ancien boxeur, on évoquerait le souvenir de Paco Volz. Don Ignacio le souhaitait, car cela limiterait nettement ses recherches dans l'entourage de celui qu'il avait été dans la nécessité de supprimer. Et ce serait bien le diable si, d'ici quelque temps, ses indicateurs ne découvraient pas la piste qui le mènerait à l'homme qui se permettait de lui lancer un pareil défi. A cette perspective, Villar fermait les yeux de plaisir. On ne l'abattrait pas tout de suite, ce tueur romantique, on prendrait le temps de jouir de sa défaite.

Brusquement, sans se rendre compte par quel cheminement sa pensée était passée, don Ignacio songea à Nina. L'assassin s'en était-il pris à la jeune femme pour l'atteindre, lui? A ce moment, le téléphone sonna de nouveau et la main de Villar tremblait tandis qu'il prenait l'écouteur. Joaquin Puig lui annonça que Gomez se trouvait dans les bureaux de la Brigada de Investigacion Criminal, soupçonné du meurtre commis sur la personne de Miralès. Villar haussa les épaules et ordonna à Puig de prévenir maître José Larubi, afin qu'il prît les dispositions nécessaires pour faire libérer l'Andalou au plus tôt.

Retourné à son fauteuil, délivré de son angoisse immédiate touchant le sort de Nina, don Ignacio méditait sur une absence qu'il ne comprenait pas. Son orgueil lui interdisait l'hypothèse d'un rival plus jeune et suffisamment aimé pour justifier toutes les imprudences. Mais le fait qu'on ne pouvait nier était l'absence de Nina au cours de cette nuit où on avait tué Miralès. Automatiquement le nom de l'ancien boxeur appela, dans la mémoire de Villar, celui de l'ancien torero assassiné alors que Nina s'était aussi absentée. Il fallut un assez long moment à don Ignacio pour penser à rapprocher ces deux événements. Sitôt que l'idée l'en eut effleuré, il se raidit. L'énergie de la jeune femme, l'indépendance qu'elle manifestait dans son métier, tout démontrait que, le cas échéant, Nina serait parfaitement capable d'oser ce que d'autres femmes ne se risqueraient même pas d'entreprendre. Mais pourquoi Nina tiendrait-elle à venger ce Paco? A moins que... Une fois de plus, Villar appela Puig.

— Dites-moi, Joaquin, savez-vous si Nina connaissait Paco?

— Nina de las Nievès? Ma foi non, don Ignacio,

je n'en sais rien. Sans doute l'aura-t-elle vu, comme
elle a vu tous les gens qui travaillent à la maison...
mais je ne crois pas qu'on puisse appeler cela connaître?

Cependant, à cet instant, la voix de Puig changea
de ton, car il venait de se rappeler la curieuse
démarche de la chanteuse, sous prétexte de revoir
une chanson et, en vérité, pour se renseigner sur le
sort de ce Paco Volz. Villar remarqua la fêlure
dans le ton de son interlocuteur.

— Qu'est-ce qui se passe, Puig? Vous ne semblez
pas tellement affirmatif? Vous me cachez quelque
chose? Ce serait bien maladroit de votre part...

Tout de suite, l'autre s'affola.

— Non, non, don Ignacio... Simplement, je me
souviens d'un incident auquel, sur le moment, je
n'ai pas attaché grande importance...

Et il conta l'affaire à Villar qui, lorsqu'il en eut
terminé, raccrocha sans répondre. Don Ignacio, immobile, essayait de laisser s'apaiser en lui la colère
qui le bouleversait. Maintenant, dans sa mémoire,
se précisaient des scènes auxquelles il n'avait pas
prêté tellement attention : l'évanouissement de Nina
lorsque l'inspecteur parla du sinistre colis qu'il
avait reçu, son insistance à réclamer des détails sur
la mort de Paco, sur sa disparition, sa haine pour
Miralès... Sous l'effet de la tension qui le crispait
tout entier, les veines saillaient aux tempes de
don Ignacio. Si vraiment Nina se révélait l'auteur
des deux meurtres commis, il fallait admettre qu'un
motif bien puissant la poussait et quel pouvait-il
être, sinon l'amour? Villar revoyait le joli visage
du garçon. Nina avait-elle été sa maîtresse? Avait-

elle osé tromper, bafouer celui que tout le barrio redoutait? Un rictus cruel défigura le visage de don Ignacio. Pauvre Nina... Elle ne se doutait guère de ce qui l'attendait si jamais il acquérait la preuve qu'elle s'était moquée de lui.

Lorsqu'elle lui tendit l'argent du cierge qu'elle venait de lui acheter, don Jacinto se sentit ému. Il y avait longtemps qu'il avait envie de lui parler pour lui dire combien il était fier — pour son église — d'une assiduité laissant présager une intention particulière de Nuestra Señora de los Reyes. Avec la timidité d'un jeune amoureux faisant en balbutiant sa première déclaration d'amour, le vieil homme chuchota :

— Señorita, je suis sûr que la Madre exaucera vos désirs et moi-même je prierai pour qu'il en soit ainsi...

Surprise, elle regarda sa figure de brave vieux pas bien malin, mais qui rayonnait d'une tendresse la rendant sympathique. Elle le remercia dans un murmure et gagna sa chaise habituelle après être allée placer son cierge aux pieds de la statue de la Vierge. Avant de s'abîmer dans la prière, elle sourit, apitoyée, en pensant au bouleversement du pauvre Jacinto s'il avait pu deviner qu'elle venait remercier la Señora pour un crime qu'Elle avait laissé commettre et dans l'espoir qu'Elle permettrait que d'autres soient commis.

Villar était sur le point de partir pour la ville lorsqu'un taxi s'arrêta devant la villa. Par la fenêtre, il vit Nina en descendre, régler le chauffeur et s'engager dans le parc. Il se recula pour qu'elle ne le surprît point guettant son retour. Il ne voulait pas lui donner cette satisfaction. Il s'arrangea pour se trouver juste en face de la porte lorsqu'elle l'ouvrit. A la vue de don Ignacio, la chanteuse marqua un léger temps d'arrêt.

— Bonjour, Ignacio. Bien dormi?

Il ne répondit pas, se contentant de la fixer. Ses poings crispés révélaient l'effort auquel il se soumettait. D'une voix rauque, il lança :

— Suis-moi !

Sans attendre la réponse, il la précéda dans son bureau dont il referma soigneusement la porte. Avant même qu'elle ne se fût assise, il l'interrogea sèchement :

— D'où viens-tu?

— Du *Colon*, où j'ai passé la nuit.

Il prit le téléphone et appela l'hôtel. On lui confirma que Nina était arrivée vers deux ou trois heures du matin, seule, et qu'elle était repartie, il y avait une demi-heure environ. Villar se détendit un peu.

— Pourquoi n'es-tu pas rentrée ici?

— Parce que je n'avais pas envie de te revoir !

— Ecoute-moi, Nina : il faut te mettre dans la tête une fois pour toutes que je ne suis pas habitué à ce qu'on me traite comme un gigolo des ramblas !

— Alors, commence toi-même par te convaincre qu'il ne faut pas me traiter comme une fille du barrio !

— Devant mes employés, cette nuit, tu t'es conduite, à mon égard, d'une façon que je ne tolérerai pas !

142

— Tu n'as qu'à me parler sur un autre ton quand nous sommes avec tes voyous !

Il la contemplait avec un brin d'admiration : une lutteuse sans aucun doute et capable de se battre vaillamment.

— Nina... tu connaissais Paco Volz ?

— Pas particulièrement.

— Tu en es certaine ?

Il l'épiait, prêt à saisir sur son visage le moindre frisson de crainte, la plus petite lueur d'angoisse dans ses yeux.

— Evidemment... Pourquoi me demandes-tu ça ?

— Je trouve curieux que tu te sois évanouie lorsque tu as appris la mort de Volz ?

— Je suis une artiste, Ignacio... Je ne sais pas si tu comprends ce que cela veut dire ? En tout cas, je ne me ferai jamais à vos mœurs de sauvages ! Chez moi, j'ai été élevée dans le respect de la vie d'autrui... Entendre des misérables se vanter d'un crime, me soulève le cœur !

— Dois-je comprendre que tu me classes parmi ces misérables, comme tu dis ?

— Oui.

Il fut bien près de se laisser aller à lui cogner dessus pour lui enseigner le respect, mais il voulait savoir.

— Tu sembles avoir oublié ce que j'ai fait pour toi ? Que tu me dois tout ?

— Je l'ai si peu oublié que c'est à cause de mes dettes envers toi que je ne suis pas encore partie.

— Tu ne partiras pas, Nina !

Elle se cabra.

— Quand je le voudrai !

— Quand, moi, je le voudrai !

Alors, à son tour, elle commença d'avoir peur.

Les analyses de laboratoire n'ayant révélé aucune trace de sang sur les effets et le couteau de Gomez, le commissaire Martin dut céder à la demande officielle de M° Larubi et remettre l'Andalou en liberté.

Gomez parti, don Alfonso résuma la situation :

— Maintenant, Miguel, il n'y a plus de doute : quelqu'un a entrepris de liquider la bande de don Ignacio. Quels que soient mes sentiments particuliers, nous ne pouvons pas le permettre, c'est ton avis ?

— Naturellement, mais où chercher ?

— Dans la vie passée de Paco Volz. Ces meurtres venant après son propre assassinat indiquent bien, me semble-t-il, que celui-ci est la raison première de cette tuerie en chaîne.

— Il ne m'a jamais confié qu'il avait un ami.

— Attendons de savoir si Villar recevra une nouvelle lettre faisant allusion à la mort de Volz. Si oui, c'est de là qu'il nous faudra partir, car c'est le seul bout de ficelle sur lequel nous puissions tirer dans l'espoir d'amener notre homme au jour.

Ce fut au courrier du soir que don Ignacio reçut la lettre où on avait épinglé l'article relatant la découverte du crime de la calle Bull. Comme la fois précédente, l'expéditeur s'était contenté de taper une seule phrase : « *Se recuerda de Paco?* »

CHAPITRE VIII

Alfonso Martin attendit que Miguel Lluji se fût éloigné pour sortir de l'entrée de la maison où il se dissimulait, traverser la rue et se glisser dans la demeure de l'inspecteur sous le regard, intrigué d'abord, scandalisé ensuite, de Rosa Lamos, une vieille fille impotente qui distrayait son ennui en surveillant ce qui se passait chez ses voisins de la calle Rosellon. Mais doña Concha ne se montra pas moins étonnée lorsque, ayant répondu au coup de sonnette du visiteur matinal, elle découvrit le commissaire sur son seuil. Sa première pensée fut qu'elle avait été bien inspirée de procéder à sa toilette plus tôt que de coutume et pour se féliciter d'avoir fait le ménage à fond, la veille.

— Don Alfonso !... Et Miguel qui vient juste de partir !

— Je sais, doña Concha, je sais, je l'ai vu s'en aller.

Concha était tellement déconcertée par cette réflexion qu'elle en oubliait les lois élémentaires de la civilité, ne songeant pas à prier Martin d'entrer. Souriant, ce dernier la rappela à ses devoirs :

— Je crois que, vu mon âge et ma fonction, vous pouvez quand même me permettre de franchir votre porte ?

— Oh ! don Alfonso... mille pardons... Donnez-vous seulement la peine...

Elle s'effaça puis, la porte refermée, dépassa de nouveau le commissaire pour le guider vers le salon, où personne n'entrait jamais sauf dans les occasions solennelles ou lors des réceptions d'amis pas très intimes.

— Vous savez l'estime que j'ai pour Miguel, doña Concha et l'amitié que je vous porte à tous deux... C'est en raison de cette estime et de cette amitié que je suis ici ce matin et dans des conditions particulières ou mieux inattendues... Doña Concha, pour ne pas compliquer inutilement les choses, je vous demanderai de taire ma visite à votre mari, car c'est vous et vous seule que je suis venu voir.

— Moi ?

— Doña Concha, je suis inquiet au sujet de Miguel et c'est de cette inquiétude que je souhaite vous parler.

— Inquiet ? Mais pourquoi ?

— Doña Concha, nous nous connaissons depuis trop longtemps pour qu'il soit utile de nous jouer la comédie, n'est-ce pas ? Je crois connaître Miguel presque aussi bien que vous. C'est un garçon de caractère difficile. Il vit avec des idées fixes, notamment celle de venger son père, à laquelle s'est ajoutée celle de venger ce Paco Volz du sort duquel il se croit responsable. J'ai besoin de vous, doña Concha.

— De moi?

— Persuadez-le de demander un congé.

Concha hocha tristement la tête.

— Il ne m'écoutera pas, don Alfonso.

— Dites-lui que vous êtes malade.

— Il m'enverra me reposer... seule.

— Il vous aime pourtant?

— Je le crois, mais il est encore plus attaché à sa vengeance... Don Alfonso, que craignez-vous?

— Tout et rien de précis. Vous êtes au courant de l'affaire sur laquelle nous travaillons. Deux hommes de Villar sont morts depuis que nous avons appris le crime commis sur la personne de Paco Volz. Or ces deux hommes ont été tués comme a été tué le père de Miguel... La même blessure... Et qui savait donc la manière dont on avait frappé le vieux Lluji?

— Vous voulez dire?...

— Je ne dis rien, doña Conchita, je n'ai le droit de rien dire. Je n'ai pas de preuve... Mais, je n'étais pas aux côtés de Miguel lorsque Ribera et Miralès ont été abattus...

— Je l'étais, moi!

— Vous êtes sa femme, doña Concha... Votre témoignage ne compte pas... Moi, je vous crois... Enfin, j'essaie de vous croire... Il n'empêche que l'attitude de Lluji est bizarre. Lui, qui est un excellent policier, se conduit comme un débutant quand il s'agit de rechercher le meurtrier de Ribera et de Miralès... Il évoque des impossibilités... Il y met de la mauvaise volonté, quoi! Doña Concha, il n'y a que deux explications à ce comportement : ou il est lui-même l'auteur de ces deux crimes...

— Don Alfonso!

— ... Ou il ne veut pas qu'on arrête celui qui, sans le savoir peut-être, poursuit sa propre vengeance?

— Don Alfonso, dois-je comprendre que... que vous n'avez plus confiance en Miguel?

— En ce qui concerne cette histoire, doña Concha, je suis au regret de vous répondre : non.

Malgré ses remords, en dépit des efforts qu'il s'imposait pour se reprendre, Miguel sentait que le fossé se creusait entre don Alfonso et lui et ce, par sa seule faute. Jamais il n'aurait cru qu'un jour un pareil conflit le dresserait contre les impératifs de son métier qu'incarnait le commissaire Martin. A quarante ans, il ne pouvait pas renoncer à ce qui avait été le but de toute sa vie. Il ne voyait pas pour quelles raisons il s'acharnerait après un inconnu qui débarrassait Barcelone de crapules bien cataloguées et qui peut-être réussirait ce que la police officielle n'était pas parvenue à mener à bien : en finir avec Ignacio Villar. En l'obligeant à trouver la piste du meurtrier, on prenait — qu'on le reconnaisse ou non — la défense de Villar. Et de quel droit le commissaire subordonnait-il l'assassinat de Paco à celui des deux autres? Que don Alfonso arrête Villar et lui, Miguel, mettrait la main sur celui qui avait tué Miralès et Ribera! Donnant donnant!

Lluji ne refusait pas d'obéir. Simplement, il ne

mettait aucun enthousiasme à poursuivre la tâche qu'on lui avait fixée. Il obéissait, mais ne prenait aucune initiative. Il savait qu'en agissant ainsi il trahissait ceux qui avaient mis leur confiance en lui. Il en éprouvait de la honte à cause de don Alfonso. Il n'aurait pu triompher de cette honte qu'en acceptant de trahir son père et Volz. Cela, il ne le pouvait pas. Il avait songé à démissionner et s'il ne l'avait pas fait, ce n'était pas seulement à cause de Concha qu'il risquait ainsi de contraindre à une existence difficile, mais parce que réduit à ses seules forces, manœuvrant en dehors de la protection de la loi, il n'aurait eu aucune chance contre Villar.

Ce matin, il était allé voir cette vieille femme qui avait élevé Paco.

Pour protéger Paco Volz et ne pas risquer de donner l'éveil à leurs adversaires communs, Lluji ne s'était jamais risqué dans la calle Jaime Giral. Il ne connaissait pas la veuve Callas, mais il avait trop vécu parmi ces femmes du petit peuple de Barcelone pour ne point se douter à quoi elle ressemblait et, lorsqu'il se trouva en face d'elle, il lui parut qu'elle était une amie de toujours. Dolorès se montrait semblable à toutes celles que la vie a durement menées et qui arrivent au bout de leur route, épuisées. Plus que ses yeux délavés, son corps légèrement voûté par d'incessantes besognes ménagères, c'étaient ses mains qui disaient le mieux l'usure de cette femme. Dès que Miguel parla de Paco, elle se mit à pleurer. Lluji haussa les épaules. Il fallait vraiment que don Alfonso fût esclave de la routine pour l'envoyer perdre son temps auprès d'une malheureuse qui ne savait plus faire autre chose que gémir. Il se leva pour ne pas gêner la pauvre Dolorès perdue dans son chagrin. Il regarda autour de lui le triste décor identique à celui de son enfance. Sur le buffet, une photographie de Paco. Le policier s'approcha pour la voir mieux. C'est alors que derrière ce portrait il en découvrit un autre qui l'obligea à convenir rageusement que le commissaire Martin connaissait bien son métier. S'assurant que son hôtesse ne pouvait surprendre son geste, il enleva cette seconde photo de son cadre de pacotille et la glissa dans la poche intérieure de sa veste. Comme il revenait vers Dolorès, en passant devant la fenêtre donnant sur la cour, il aperçut Joaquin Puig qui arrivait. Il s'immobilisa. Villar aurait-il eu la même idée que don Alfonso? Il se précipita vers la vieille et, la prenant aux épaules, la contraignit à le fixer pendant qu'il disait :

— Un homme monte l'escalier... Sans doute vient-il vous rendre visite. Ce n'est pas un policier. Je le connais. Une canaille Je resterai caché pendant qu'il sera là. N'ayez pas peur. Il ne pourra pas vous faire le moindre mal. Mais ne répondez à aucune de ses questions, vous entendez bien? Aucune de ses questions. Il y va de votre vie !

Ahurie, elle écoutait ces ordres qu'elle ne comprenait pas et Miguel se demanda si seulement elle l'entendait. On percevait déjà des pas derrière la porte lorsqu'elle demanda :

— Qu'est-ce qu'il faudra que je lui dise?

— Vous lui demanderez de s'en aller !

— Et s'il ne veut pas?

151

— Alors, moi, je le ferai filer !

On frappait. Lluji se dissimula dans le réduit où la vieille couchait et, à travers le rideau masquant l'alcôve, il la vit qui allait ouvrir. Avant que de l'apercevoir, il entendit la voix de Puig :

— La señora Callas ?

— C'est moi, señor, mais je dois partir.

— Vous m'accorderez bien un moment ?

Tout en parlant, Joaquin repoussa la porte derrière lui et força la bonne femme à retourner dans la pièce que le policier surveillait. Le directeur de *Los Angeles y los Demonios* posa délicatement son feutre clair sur la table après s'être assuré qu'elle était propre. A son tour, il repéra la photographie de Paco. Il alla la prendre et la montrant à Dolorès :

— Votre fils ?

— Non... Señor, je vous répète qu'il faut que je sorte...

— Tout à l'heure ! Vous avez d'autres enfants ?

— Ça ne vous regarde pas !

— Oh ! oh ! pas très aimable, hein ?

— Allez-vous-en !

Puig ricana.

— Je m'en irai quand vous aurez répondu à quelques questions et ne criez pas ou je vous ferai taire tout de suite !

Alors, devant la menace de cet homme qu'elle reconnaissait comme appartenant à ce milieu où elle avait jadis vécu et dont elle était parvenue à s'évader, la vieille Dolorès redevint la fille du barrio chino. D'un seul coup sous l'empire de la colère, elle oubliait ses années de servitude pour retrouver cette énergie qui lui faisait jadis accepter la bataille avec des rivales, le couteau au point. Elle se dressa :

— Fichez le camp !

Joaquin marqua une hésitation en face de cette révolte imprévue. Puis, devant cet adversaire pitoyable, bien à sa mesure, il voulut se venger de toutes les humiliations subies. Il s'approcha de la femme :

— Faudrait voir à se montrer plus polie, ma belle, si tu ne veux pas que je t'apprenne la manière dont on doit recevoir les gens qui vous rendent visite... Allez, réponds : ton Paco, il avait des amis ?

— Je ne sais pas !

— Vraiment ?

Un sourire cruel sur les lèvres, il s'approcha :

— Alors, tu ne sais pas ?

Elle ne recula pas. Simplement, elle dit doucement :

— C'est vous qui avez tué Paco ?

Avant qu'il ne fût revenu de sa surprise, elle avait couru dans le réduit qui lui servait de cuisine et en revenait presque aussitôt, brandissant un hachoir.

— Vous avez tué mon Paco ?

Maintenant, c'était lui qui reculait. S'il n'avait dû faire un compte rendu à Villar de sa visite, il aurait filé sans demander son reste, mais jamais il n'oserait dire à don Ignacio qu'il avait fui devant une vieille femme.

— Allons, la mère, ne vous énervez pas...

— Fichez le camp !

— D'accord, mais avant, il faut que je vous explique au sujet de Paco...

Le nom du garçon fit relâcher son attention à Dolorès et Puig en profita pour lui saisir le bras et le tordre. Le hachoir tomba sur la table.

— Et, maintenant, à nous deux...

— Non, Puig, à nous trois !

L'homme de confiance de Villar sursauta comme si on l'avait frappé dans le dos. Quand, en se retournant, il vit Miguel Lluji, il blêmit et la sueur perla à son front.

— Vous... vous étiez là ?

— Oui, j'étais là... Un homme courageux, le señor Puig, un homme qui n'hésiterait pas à cogner sur quelqu'un qui pourrait être sa mère...

— Elle me... me menaçait... Non !

Il avait prévu le coup mais ne put le parer et le poing du policier l'atteignit sur le nez. Il poussa un gémissement et aurait roulé au sol si Miguel ne l'avait retenu en l'empoignant par les revers de sa veste. Lluji le traîna jusqu'à une chaise où il l'assit.

— Et maintenant, tu vas parler, Puig ! Je te jure que tu vas parler !

L'autre, les yeux brouillés par les larmes, reniflant désespérément le sang lui coulant du nez, ne répondit pas. Un nouveau coup lui fit osciller la tête sur les épaules.

— Je taperai jusqu'à ce que tu répondes, tu entends ? C'est toi qui as tué Paco ?

— Non !

— Qui ?

— Je ne sais pas...

De nouveau, le poing de Miguel s'écrasa sur la figure de Joaquin.

— Qui?

— Ri... Ribera... Miralès...

— Pourquoi?

— Je ne sais pas...

Alors, Miguel perdit tout contrôle. Dans une sorte d'hallucination, ce n'était plus Joaquin qu'il voyait devant lui, mais Villar, l'assassin de son père, l'assassin de Paco et il tapait de toutes ses forces, de toute sa haine accumulée depuis tant d'années. Le visage de Puig ne ressemblait plus à rien et Lluji continuait à frapper. Dans son délire furieux, il sentit qu'on le tirait par sa veste et, à travers la fureur qui grondait en lui, il entendit une voix chevrotante qui disait :

— Señor, vous allez le tuer...

Il s'arrêta. Recouvrant sa lucidité, il se rendit compte de ce qu'il venait de faire. Puig roula lentement au sol. Il s'en était manqué de peu que Miguel ne devînt un criminel. Il respira largement.

— Merci, la mère...

S'agenouillant auprès de Joaquin, il comprit que ce qu'on pouvait prendre pour un râle n'était que le fait du sang encombrant l'arrière-gorge. Il en fut soulagé. Il prit de l'eau et débarbouilla sa victime. Le nez cassé, la bouche sanguinolente, les lèvres éclatées, les yeux fermés, Puig était dans un état pitoyable. Il fallait appeler une ambulance. Lui relevant la tête, Miguel fit boire à Joaquin une longue gorgée d'eau-de-vie que la veuve Callas était allée prendre dans son armoire. Le blessé revint à lui. Lluji joua sa dernière carte en tentant d'effrayer Joaquin.

— Ecoute-moi, Puig... Si je ne t'emmène pas à l'hôpital, tu risques de claquer... Tu me comprends? Mais je ne t'y transporterai que si tu me dis la vérité... C'est Villar qui a donné l'ordre de tuer Paco Volz?

— Oui.

— Gomez était dans le coup?

— Oui.

— Et toi?

— Non.

— Où l'a-t-on exécuté?

— Sur la route de Manresa.

— Tu répéteras ce que tu viens de dire au commissaire Martin?

— Je veux un docteur...

— Tu l'auras si tu me jures de répéter au commissaire Martin ce que tu viens de me dire...

— Je... jure...

— Bon, je vais appeler une voiture.

A l'hôpital, lorsque Lluji montra son insigne, on ne posa pas de question sur ce qui était arrivé au blessé. Le policier savait mieux que les médecins ce qu'il avait à faire dans ce cas-là. Avec don Alfonso, les choses se passèrent moins facilement. En entrant dans le bureau de son chef, Lluji annonça tout de suite :

— Puig est à l'hôpital.

— Qu'est-ce qu'il a?

— Je lui ai flanqué une raclée.

Martin ne répondit pas tout de suite, puis il se leva avant de dire gravement :

— Je crois que, cette fois, tu as dépassé la mesure, Miguel. Donne-moi ton insigne.

— Attendez ! Il m'a avoué que c'était Villar qui avait commandé le meurtre de Paco que Ribera, Miralès et Gomez ont tué sur la route de Manresa !

Don Alfonso regarda Lluji puis, d'une voix lasse, tout en prenant son chapeau, il remarqua :

— Je souhaite pour toi que Puig confirme ses aveux.

Pansé, ses plaies agrafées, Puig revint à la vie. Dans cette salle blanche, parmi les infirmières, il se sentait à l'abri et lorsque Martin et Lluji s'approchèrent de son lit il n'avait plus peur. Don Alfonso se pencha vers lui :

— Puig, voulez-vous répéter ce que vous avez dit à l'inspecteur Lluji au sujet du meurtre de Paco Volz ?

— J'ai dit quelque chose à l'inspecteur, moi ?

— Faites attention, Puig. Vous êtes dans de sales draps. Le seul moyen de vous en tirer, c'est de raconter ce qui s'est passé.

— Mais, señor Commissaire, que pourrais-je raconter ? Je ne sais rien de la mort de Volz sinon ce que l'inspecteur nous en a appris, la nuit où il est venu chez moi...

Miguel se serait jeté sur Joaquin si Martin, devinant son geste, ne l'avait arrêté sèchement :

— Cela suffit comme ça, Lluji !

Puig savait que les policiers ne pouvaient rien. Miguel tenta de lui faire perdre son assurance.

— La veuve Callas témoignera de vos aveux !

— Vous m'avez tellement cogné dessus que j'aurais avoué n'importe quoi pour sauver ma peau...

Don Alfonso n'ignorait pas que Puig mentait, mais que personne ne pourrait apporter la preuve de son mensonge et qu'en le frappant comme il l'avait fait, son adjoint s'était mis dans son tort. Il tenta un dernier effort.

— Qu'est-ce que vous fabriquiez chez la veuve Callas?

— J'étais allé lui demander des renseignements sur les amis que pouvaient avoir Paco Volz.

C'était fini. Le commissaire conclut :

— Alors, vous niez avoir révélé quoi que ce soit au sujet de la mort de Volz?

— Et comment !

Il jubilait, Puig, en voyant la figure de l'inspecteur. Don Alfonso se tourna vers son adjoint :

— Venez, nous n'avons plus rien à faire ici.

— Vous ne recueillez pas ma plainte contre l'inspecteur, señor Commissaire?

— Comme vous n'êtes pas à l'article de la mort, vous viendrez la déposer dans mon bureau.

— Comptez sur moi !

Les policiers s'éloignaient lorsque Miguel revint brusquement sur ses pas.

— Vous avez pu convaincre le commissaire, Puig, mais vous aurez plus de mal à persuader Villar que vous ne l'avez pas trahi !

— Je ne vous comprends pas, inspecteur?

— Villar aussi m'a assuré qu'il ne me comprenait pas lorsque je lui ai fait part de ce que vous m'avez raconté touchant la mort de Paco Volz...

158

Brusquement, Puig sentit peser sur lui une menace dont rien ne pouvait le protéger. Il balbutia :

— Vous... vous avez été trou... trouver don Ignacio?

— Oui, et il a paru fort intéressé d'apprendre que vous me l'aviez dénoncé comme l'instigateur du meurtre de Paco Volz... Au revoir, Puig, remettez-vous vite, je pense que nous n'en avons pas fini nous deux.

Don Alfonso attendait Miguel dans sa voiture. Ils regagnèrent la Jefatura Superior de Policia sans échanger le moindre mot. Lorsqu'ils se retrouvèrent dans le bureau du commissaire Martin, ce dernier déclara posément :

— Maintenant, il faut que tu me rendes ton insigne, Miguel, je ne peux pas agir autrement... Tu as frappé un homme pour obtenir des aveux... Je t'ai entendu lorsque tu as dit à Puig que tu étais allé rapporter ses propos à Villar. Tu as failli à ton devoir.

Lluji déposa son insigne sur la table de son chef.

— Je suis navré, Miguel, mais tu n'as pas voulu m'écouter. Je te mets à pied pour huit jours... Essaie de te reprendre pendant ce temps-là !

— C'est inutile, don Alfonso; je ne reviendrai pas.

— Tu es fou? Tu ne vas pas quitter un métier que tu aimes?

— Que j'aimais, mais que je n'aime plus, señor Commissaire, depuis que je m'aperçois que, par peur des puissants et de leurs influences, la police ménage les truands de cette ville quand elle ne se met pas à leur service !

Don Alfonso se raidit :

— Faites attention à ce que vous dites, Lluji!

— Pourquoi ne me mettez-vous pas en prison à la place de Villar puisque celui-là vous n'osez pas l'arrêter?

— La colère t'aveugle, Miguel, tu me connais depuis assez longtemps...

— Je croyais vous connaître, mais vous êtes comme les autres! Qu'est-ce que cela peut bien foutre qu'on tue un petit bonhomme comme Paco Volz? Des indicateurs on en trouve tant qu'on en veut et les vieux flics qu'on éventre, on n'a pas de temps à perdre à rechercher leurs assassins! Mais qu'on se permette de démolir des voyous protégés par Ignacio Villar, alors toute la police de Barcelone s'agite pour rechercher le misérable qui ose troubler la quiétude de don Ignacio!

— Tu ne sais plus ce que tu racontes!

— Suffisamment, señor Commissaire, pour vous affirmer que je suis content d'abandonner un métier qui me dégoûte! Je ne peux pas entrer au service de Villar, moi!

Les traits de don Alfonso s'étaient profondément altérés. Une lassitude soudaine l'écrasait. Il s'assit dans un fauteuil comme un très vieil homme. Il eut du mal à éclaircir sa voix, tant sa gorge était serrée par la peine qu'il ressentait.

— Je n'aurais jamais cru, Miguel, qu'un jour tu m'insulterais...

— Je le regrette, mais je mets la justice au-dessus de l'amitié et c'est pourquoi je m'en vais.

— Et Concha?

— Elle comprendra, elle.

— Et si elle ne comprend pas?

— Alors, je continuerai seul! Maintenant que je possède la preuve de la culpabilité de Villar — même si je ne peux en faire état devant la loi — je l'aurai! Vous entendez, señor Commissaire, je l'aurai!

Don Alfonso se dressa, son énergie retrouvée.

— Faites bien attention, Lluji! Je vous interdis, tant que vous faites partie de mes services, de vous mêler de quoi que ce soit! Si vous désobéissez, je n'hésiterai pas à vous faire appréhender!

— Bien sûr! Il est plus facile d'arrêter Miguel Lluji qu'Ignacio Villar!

— Sortez! Et dites-vous que vous ne devez qu'à l'amitié que je porte à votre femme de pouvoir quitter librement ce bureau!

Martin écoutait décroître le pas de Lluji au long du couloir. Dieu! que c'était bête, la vie!... Il décrocha le téléphone pour appeler son épouse et lui dire qu'il ne rentrerait pas dîner, le travail le retenant. A la vérité, il ne se sentait pas encore le courage de lui expliquer qu'il avait perdu son meilleur ami.

Sitôt qu'il fut dehors, son excitation tomba et Miguel ne fut plus très fier de lui. Il hésita à retourner sur ses pas pour demander à don Alfonso de lui pardonner ses vilenies qu'il lui avait dites sans trop y penser, mais l'amour-propre le retint d'effectuer une démarche qui eût tout arrangé. Il devait subir les conséquences de ses actes. Maintenant, il était seul en face de don Ignacio. Il entra dans un café de la plaza de Cataluña pour réfléchir. Désormais, il lui faudrait avancer prudemment car en plus des hommes de Villar, il allait trouver sur sa route ses anciens collègues. Puig lui avait dit qu'ils s'étaient mis à plusieurs pour tuer Paco. Mais, le seul, le vrai coupable, s'affirmait Villar et Miguel jura de ne pas prendre de repos avant de le voir menottes aux poignets, conduit à la prison sous l'inculpation d'assassinat.

Il fallait porter le trouble chez l'adversaire pour l'obliger à faire des fautes et Lluji repensa à ce qu'il avait annoncé à Puig. Pourquoi n'irait-il pas trouver Villar pour lui rapporter ce que Joaquin avait avoué? Don Ignacio — s'il croyait Miguel — tenterait sûrement de mettre Puig hors d'état de lui nuire et ce serait peut-être là le piège qui le ferait trébucher.

En traversant le bureau où la secrétaire de don Ignacio rangeait ses affaires avant de s'en aller, Miguel repensa à la photographie qu'il gardait dans sa poche. Il demanda à la jeune fille de lui rendre le service de lui taper une lettre. Juanita hésita, disant que le señor Villar trouverait peut-être mauvais qu'elle travaillât pour quelqu'un n'appartenant pas à la maison. Lluji sourit.

— Eh bien! señorita, tapez, s'il vous plaît, cette simple phrase : « Je sais, señor Commissaire, qui a envoyé des lettres à Ignacio Villar en lui demandant s'il se souvenait de Paco Volz. » Vous ne tapez pas, señorita?

Elle le regardait avec des yeux épouvantés.

— Je répète et je vous conseille de vous dépêcher car il est préférable de ne pas attirer l'attention de votre patron... « Je sais, señor Commissaire, qui a envoyé des lettres à Ignacio Villar en lui demandant s'il se souvenait de Paco Volz. »

Juanita tapa la phrase dictée, comme un automate. Lorsqu'elle eut terminé, elle demeura immobile et Lluji dut sortir lui-même la feuille de papier du rouleau de la machine. Il jeta un coup d'œil sur la phrase qui s'inscrivait sans la moindre faute de frappe. Tout en glissant le papier dans sa poche, il ordonna à la secrétaire :

— Allez m'attendre à la Puñalada, paseo de Gracia, il est nécessaire que nous ayons une conversation tous les deux... Emportez tout ce qui vous appartient, vous ne reviendrez pas ici.

— On va m'arrêter?

— Mais non, n'ayez pas peur! On va vous protéger, au contraire. A tout de suite, n'est-ce pas?

Et, sans prendre la peine de se faire annoncer, Miguel Lluji entra dans le bureau d'Ignacio Villar.

Don Ignacio écrivait le brouillon d'une demande qu'il avait l'intention d'adresser à l'ambassade argentine en vue d'obtenir une place importante dans un marché dont il espérait de beaux bénéfices, lorsque l'inspecteur poussa la porte. Avant que Villar ait eu le temps de protester, Lluji lançait :

— Ça y est, Villar!

— Qu'est-ce qui y est?

— Nous tenons la preuve que vous avez fait assassiner Paco Volz par Ribera, Miralès et sans doute Gomez.

— Vraiment? Et où l'avez-vous trouvée si je ne suis pas trop curieux?

— Nous ne l'avons pas trouvée, don Ignacio, on nous l'a apportée.

— Vous bluffez, une fois de plus, inspecteur !

— Ce n'est pas le sentiment de nos services maintenant que nous avons recueilli les aveux de Joaquin Puig.

Le coup porta et Villar parut se recroqueviller sur lui-même. Désemparé, il essayait vainement de ne pas montrer son trouble au policier.

— Vous mentez, j'en suis sûr ! Ce n'est pas possible que Puig...

— Vous ait trahi ? Si, don Ignacio, pour sauver sa peau ! Il va falloir nous accompagner avec Esteban Gomez sur la route de Manresa.

Cette précision fit complètement perdre pied à Villar. Il ne pouvait plus se cacher la vérité : ce salaud de Puig avait parlé ! Sa conviction n'était pas bien solide lorsqu'il cria :

— Je ne vous crois pas ! C'est encore une ruse de don Alfonso et de vous-même pour vous éviter de chercher l'assassin de Ribera et de Miralès ! D'abord, Puig, où est-il ?

— A l'hôpital... Que voulez-vous, j'ai eu du mal à le persuader qu'il était préférable de se ranger de notre côté.

— Vous êtes donc venu pour m'arrêter ?

— Pas encore, Puig n'est pas en état de signer ses aveux.

— Alors, pourquoi êtes-vous ici ?

— Pour le plaisir de voir comment vous encaissez. A bientôt, don Ignacio. C'est moi qui vous passerai les menottes !

164

Maintenant, tout était enclenché, le ressort tendu, il n'y avait plus qu'à attendre. Si Villar s'affirmait l'homme que Miguel croyait, il tenterait d'empêcher Puig de parler. Il n'y aurait qu'à le cueillir et don Alfonso adresserait ses excuses à Lluji.

A la Puñalada, Juanita était assise près de la porte. Elle aussi semblait effondrée. Miguel prit place en face d'elle et commanda au garçon un déjeuner rapide pour eux deux sans qu'elle parût s'intéresser le moins du monde à la question.

— Allons, mon petit, ce que vous avez fait n'est pas tellement grave. Pourquoi avez-vous envoyé ces lettres?

— Pour venger Paco.

— Il y a longtemps que vous êtes chez Villar?

— Quelques jours.

— Depuis la disparition de Paco?

— Oui.

— Dans quel but êtes-vous entrée chez don Ignacio?

— Paco travaillait au cabaret que don Ignacio contrôle dans le barrio et j'espérais apprendre quelque chose sur ce qu'il était advenu de Paco... C'est comme ça que j'ai su sa mort.

— Pourquoi n'êtes-vous pas allée à la police?

— A quoi bon?

Miguel partageait trop le scepticisme de Juanita pour la détromper. Il sortit de sa poche la photographie prise calle Jaime Giral et la tendit à la jeune fille.

— Heureusement que je suis arrivé chez votre mère avant Puig. Il vous aurait reconnue comme je vous ai reconnue et, dans ce cas, il est à penser que vous n'auriez pas fait de vieux os. Vos lettres à Villar, vous auriez pu avoir la précaution de les taper sur une autre machine que la vôtre. En tout cas, je vous défends de retourner chez Villar. Vous lui enverrez un mot pour lui dire que le docteur vous impose un repos absolu de quinze jours. Et dans quinze jours, il se sera passé bien des choses. Vous avez compris?

— Oui.

— Vous ferez ce que je vous ai dit?

— Oui.

On les servit et ils mangèrent un moment en silence, puis Llugi demanda :

— Vous saviez que Paco travaillait pour moi?

— Je savais qu'il était lancé dans une tâche difficile.

— Vous aimiez Paco, Juanita?

Elle leva sur lui ses yeux pleins de larmes.

— Je l'aime toujours.

— Et lui? Vous aimait-il?

— Je ne le lui ai jamais demandé. Il ne me l'a jamais dit.

CHAPITRE IX

Joaquin Puig avait peur et ne pouvait confier son angoisse à personne.

Après le départ des policiers, il avait eu un mouvement d'orgueil. Lui aussi, comme Ignacio Villar, se moquait des flics ! Il avait confiance en don Ignacio pour le mettre à l'abri de la colère de Miguel Lluji.

Puig ne souffrait plus beaucoup de ses plaies et, savourant la quiétude dans cette salle d'hôpital où il se trouvait à l'abri des coups d'où qu'ils vinssent, il tenta de se mettre dans la peau de l'inspecteur Lluji et s'interrogea sur ce qu'il entreprendrait à sa place pour contrer le señor Puig qui l'avait si complètement roulé. Amusé, Puig laissait vagabonder sa pensée, se représentant son ennemi blâmé par le commissaire, rentrant chez lui dépité et furieux, venant rôder autour du cabaret dans le barrio, mais subitement un souvenir paralysa Joaquin : Miguel

Lluji était allé trouver Ignacio Villar pour lui apprendre que Puig l'avait trahi. Peut-être don Ignacio aurait-il pu croire à un piège du policier sans les détails que Joaquin s'était laissé arracher sur la mort de Paco ! Puig n'avait plus du tout envie de sourire de la déconfiture du policier. Il frissonna en pensant à Gomez qui savait marcher avec tant de précautions et qui maniait si bien le couteau. Autrefois, don Ignacio aurait peut-être accepté le combat avec la police. Sûrement plus aujourd'hui. Don Ignacio était vieux, prêt à sacrifier n'importe qui et n'importe quoi à sa tranquillité. En avouant à Miguel Lluji le meurtre de Paco Volz, Puig était devenu une menace mortelle pour la tranquillité de Villar.

Ce fut lorsqu'il en arriva à cette certitude que Joaquin devint la proie d'une terreur qui le fit transpirer sous ses draps comme un paludéen en pleine crise.

Sitôt qu'il eut refermé la porte derrière lui, Miguel annonça à Concha :

— Ça y est, *querida mia*... Je ne fais plus partie de la police... Don Alfonso m'a flanqué à la porte.

— Définitivement ?

— Définitivement... Je te demande pardon.

— Pourquoi t'a-t-il chassé, Miguel ?

Lluji raconta son aventure avec Puig et comment il avait bien cru la victoire à lui avant le reniement de Joaquin.

— Coups et blessures, tu comprends, Concha ? Don Alfonso ne pouvait pas agir autrement qu'il l'a fait.

— Il est ton ami, Miguel, pourquoi n'a-t-il pas fermé les yeux?

Alors, Lluji avoua à sa femme qu'il avait insulté gravement le commissaire.

— Tu as eu tort, Miguel... Tu aurais dû te rappeler que don Alfonso n'a pas les mêmes raisons que toi de haïr cette bande.

— Tu ne veux tout de même pas que j'aille lui présenter mes excuses?

— Tu ne serais plus mon mari si tu t'humiliais.

Il la prit dans ses bras et l'embrassa longuement. Il était fier d'elle, rassuré aussi, car il savait qu'il pouvait compter sur Concha pour n'importe quoi. Elle se dégagea doucement.

— Et maintenant, Miguel?

— Nous quitterons Barcelone car, ici, je ne pourrais accepter n'importe quel travail, mais nous ne partirons pas avant que je n'aie tout tenté contre Villar. Tu es d'accord?

— Je t'aiderai!

Il sourit à l'idée de la sévère Concha aux prises avec ces truands.

Après que Lluji eut expliqué à sa femme de quelle façon il avait découvert en la personne de Juanita l'amoureuse platonique de Paco envoyant à Villar ces lettres qui le bouleversaient tant et où elle se contentait de taper : « Vous souvenez-vous de Paco? », ils passèrent la fin de l'après-midi à établir un plan d'action. Ils tombèrent d'accord pour décider que Miguel devait remettre la main sur Puig et le forcer à se rétracter une nouvelle fois en présence de don Alfonso. S'il y parvenait, non seulement ce serait la fin de Villar, mais encore le commissaire ne pourrait moins faire que de réintégrer Lluji en le félicitant. Miguel téléphona à l'hôpital pour demander à quel moment Puig sortirait. On lui répondit qu'il quitterait vraisemblablement l'établissement aux premières heures de la matinée, son cas ne présentant plus aucun caractère de gravité. Alors qu'il prenait son café, Lluji réalisa que Joaquin devait se douter qu'il serait attendu à la porte de l'hôpital et par la police (il était assez intelligent pour comprendre que le commissaire Martin n'avait pas cru un mot de ses dénégations) et sans doute par les hommes de Villar. Dans ces conditions, il se pourrait bien que Puig tentât de filer pendant la nuit pour aller se cacher Dieu sait où! Miguel décida de passer la nuit en « planque » devant l'entrée de l'hôpital San Pablo.

Puig aurait voulu que cette nuit qui commençait n'en finît pas. Dans sa tête en feu repassait le film de son existence manquée. Pas plus chez les honnêtes gens que chez les truands, il n'avait réussi à se hisser au premier rang. A cinquante-deux ans, de santé débile, avec un estomac abîmé qui lui interdisait tout excès de nourriture ou de boisson, que pouvait-il encore espérer de la vie? Les quelques milliers de pesetas mises de côté ne lui permettraient pas d'aller bien loin. Sans Villar, il était perdu, car seul il ne pourrait ni mettre sur pied un trafic illégal susceptible de lui rapporter l'argent dont il avait besoin pour vivre douillettement, ni s'intégrer à une autre bande qui, connaissant son peu de capacité, ne trouverait aucun intérêt à l'employer. De quelque côté qu'il se tournât, Puig s'avouait que sans don Ignacio il n'était plus rien.

Il frissonna à l'idée de se retrouver un jour dans ce même hôpital parmi les miséreux recueillis sur la voie publique. Alors, sans bruit, il se mit à pleurer.

Les yeux mi-clos, assis dans le fauteuil en face du bureau, tirant lentement sur sa cigarette dont il exhalait la fumée avec parcimonie, Esteban Gomez épiait Villar marchant à grands pas dans la pièce. Maintenant, l'Andalou était certain que le patron avait perdu pied. Le souvenir du désarroi qu'il avait cru surprendre lors de la venue de l'inspecteur Lluji au cabaret et que don Ignacio était parvenu à surmonter, le frappait maintenant comme une évidence bien inutile à nier. Villar avait peur, et Gomez n'aimait pas les lâches. En écoutant son chef lui faire le récit de la trahison de Puig, il frémit, mais n'en laissa rien paraître. Les choses se gâtaient. Tout en prêtant une oreille distraite aux propos de don Ignacio, Esteban calculait déjà le moyen de se tirer d'affaire, et vite. Don Ignacio arrêta sa marche d'ours pour se camper devant Esteban :

— Si Puig retombe entre les pattes des flics, nous sommes fichus, car ils le feront parler.

Esteban approuva de la tête.

— Il ne faut pas que les policiers lui remettent la main dessus.

De nouveau, Gomez hocha la tête.

— Vous m'avez compris, Gomez?

— Bien sûr, que je vous ai compris, don Ignacio. Vous voulez que je le tue.

— Voyez-vous un autre moyen?

— Non.

— Alors, nous sommes d'accord?

— Pas encore tout à fait.

— Que voulez-vous dire?

— Combien me proposez-vous pour vous débarrasser de Puig?

— Mais, voyons, Gomez, c'est aussi bien votre liberté que la mienne qui est en jeu dans cette histoire!

— Tuez-le donc vous même, dans ce cas?

— J'ai perdu la main.

— Et puis, tout bien réfléchi, don Ignacio, j'ai l'impression que cet inspecteur Lluji s'intéresse beaucoup plus à vous qu'à moi.

— Ce qui veut dire?

— Cinquante mille pesetas.

— Vous êtes fou?

— Et un billet pour Buenos Aires.

— Vous fileriez?

— Ne croyez-vous pas qu'il est temps? Si je puis me permettre un conseil, vous seriez bien avisé d'en faire de même.

— Je ne me suis jamais sauvé!

Esteban haussa les épaules.

— Il y a un commencement à tout, don Ignacio.

— Mais cinquante mille pesetas!...

— Vous en valez cent fois plus.

— Vous me mettez le couteau sur la gorge, Gomez...

— Pas à vous, señor, à Joaquin Puig.

— Je vous croyais mon ami!

— Mais je le suis don Ignacio, je le suis et c'est pourquoi vous ne voudrez sûrement pas perdre un ami fidèle et dont vous aurez grand besoin, pour cinquante mille pesetas?

Villar ne songeait plus à masquer sa défaite. D'un coup, tout craquait en lui. Il s'apercevait qu'il n'était entouré que d'ennemis : Puig, qui l'avait trahi, Gomez qui le faisait chanter, et Nina dont il n'arrivait pas à comprendre encore l'attitude. C'est à cet instant que lui aussi, comme Esteban, songea à la fuite. Mais Nina l'accompagnerait-elle ? D'autre part, il était bien tard pour tenter de recommencer dans un autre pays, où il se heurterait à des hommes plus jeunes. Pareil aux fauves qui reviennent mourir au lieu qui les vit naître, don Ignacio savait qu'il ne pourrait pas vivre en dehors de Barcelone et pour que le cycle se refermât normalement, il lui faudrait retourner au barrio chino, d'où il était parti tant d'années plus tôt. Un sursaut d'orgueil le secoua. Tous le lâchaient ? Eh bien ! tant pis, il ferait front seul à la meute lancée à ses trousses et s'il devait succomber ce ne serait pas sans s'être défendu jusqu'au dernier souffle. La ruse plus que la brutalité constituait son arme essentielle. Il lui fallait dépister les limiers lancés à sa poursuite. Il devrait couper et recouper sa piste pour les désorienter. Mais, pour le moment, une seule chose importait : écarter la menace que constituait Joaquin Puig et pour cela il avait besoin de Gomez. Il ne pouvait plus se livrer personnellement à ce genre de besogne. Il devait donc en passer par où l'Andalou l'exigeait, quitte par la suite... Il soupira :

— Entendu, Esteban, pour les cinquante mille pesetas... Quant au billet pour Buenos Aires, ce sera facile. Voulez-vous une avance ?

— Inutile, don Ignacio.

— Vous avez confiance ? Cela m'étonne !

— Pourquoi, señor? Vous me connaissez assez pour savoir que si, ma besogne achevée, vous vous avisiez de ne pas tenir votre parole, rien ne m'empêcheraît de vous envoyer rejoindre Joaquin Puig.

Il y a quelques jours encore, nul n'aurait été assez hardi pour oser parler sur ce ton à Ignacio Villar. L'insolence de son sous-ordre donnait à don Ignacio la juste mesure de son déclin. Il se jura en lui-même qu'Esteban paierait pour tous les autres. Il cacha sa rage sous une grimace.

— Quand comptez-vous procéder à cette... mission?

— Il faut attendre que Puig sorte de l'hôpital.

— C'est juste...

Et, à son tour, Villar appela le standard de San Pablo pour s'inquiéter auprès du service compétent à quel moment le señor Puig rentrerait chez lui. En raccrochant le récepteur, don Ignacio déclara :

— Vous avez le temps, il passe la nuit là-bas.

— Croyez-vous?

— Mais c'est l'infirmière-chef elle-même qui...

Négligeant, Gomez l'interrompit :

— Voyez-vous, señor, si j'étais à la place de Puig — et que je me donne la peine de réfléchir un peu — je me dirais que les policiers m'attendront sûrement demain matin pour me demander des explications complémentaires.

— Alors?

— Alors, comme l'hôpital n'est pas une prison, je me débrouillerais pour filer durant la nuit.

Il se leva, mit son chapeau qu'il inclina sur l'oreille droite et, gagnant la porte :

— ... C'est pourquoi, don Ignacio, je vais passer la nuit devant le San Pablo.

175

— Un moment, Gomez! Avant de faire quoi que ce soit, amenez Puig au *Tibidabo*. Il faut que nous sachions exactement ce qu'il a raconté à Lluji. Prenez ma voiture. Felipe conduira, c'est un garçon discret. Si les explications de Joaquin sont satisfaisantes, vous l'emmènerez immédiatement sur le *Simon-Bolivar*, qui quittera Barcelone à l'aube pour Liverpool. Là-bas, il se débrouillera.

— Et si ses explications ne nous satisfont pas, señor?

— Felipe vous conduira où vous lui direz d'aller.

— Je suis convaincu, don Ignacio, que les explications de Puig ne me satisferont pas.

Il devait absolument rencontrer don Ignacio et le persuader, avant qu'il ne lâche ses tueurs à ses trousses, qu'il n'avait rien à craindre de lui. Puig se répétait cela indéfiniment. Cette phrase tournait dans sa tête et l'abrutissait. L'angoisse lui paralysait le cerveau au point qu'il ne parvenait pas à songer à la manière de rejoindre Villar le plus vite possible. Il étouffait les sanglots qui le secouaient en mordant ses draps.

Doña Mercedès eut son bel appétit coupé lorsque son mari lui rapporta la scène qui l'avait opposé à Miguel Lluji et pourquoi il s'était vu contraint de le mettre à pied en attendant une sanction plus grave qui, sans doute, l'écarterait définitivement de la police. Plus encore que la carrière gâchée de l'inspecteur, la señora Martin se lamentait sur le sort de sa femme, Concha, qui n'avait vraiment pas mérité une pareille disgrâce. Tout en écoutant son mari

— pas tellement fier de lui — elle songeait au moyen de réconcilier les deux hommes et surtout d'agir en sorte que Concha demeurât son amie.

— Alfonso, est-ce que tu n'as pas été trop sévère?

— J'ai fait mon devoir, Mercedès.

— Bien sûr... mais tu n'as pas été un peu brutal?

— A ma place, n'importe qui l'eût été davantage.

— Mais n'importe qui ne connaît pas Miguel Lluji comme tu le connais.

— Si tu avais entendu ce qu'il a osé me dire!

— Colère n'est pas raison.

— Je suis son supérieur, quand même!

— Dans le service, seulement, Alfonso.

— Et ce n'était pas une affaire de service, peut-être?

— Je n'en suis pas certaine... Il se serait agi de tout autre que l'assassin de Paco et sans doute de son père, Lluji ne se serait pas conduit de cette façon et tu le sais bien!

Martin grogna au lieu de répondre. Mercedès devina qu'elle était en train de gagner la partie.

— Vous autres, Catalans — et cela fait des années que je te le répète — vous êtes un peu dégénérés.

Le commissaire feignit de prendre au sérieux la remarque de sa femme.

— Dégénérés et par rapport à qui, je te prie? Par rapport à vous autres, Andalous?

— Parfaitement! Nous, nous ne laissons jamais une injure impunie!

— Et la police, alors, à quoi sert-elle, d'après toi?

— A venger ceux qui n'ont pas assez d'honneur pour se venger eux-mêmes!

— Ça ne m'étonne pas de t'entendre tenir un pareil langage, quand on appartient à une race de sauvages...

— Où vous êtes bien contents, vous les gens du Nord, de venir chercher vos femmes !

Ces fausses querelles s'avéraient leur meilleur passe-temps et, maligne, Mercedès avait compris qu'avant d'attaquer Alfonso de front, il fallait lui rendre sa sérénité de tous les jours en le replongeant dans l'atmosphère familiale. Elle changea de ton pour demander :

— Dis, mon Alfonso, est-ce que tu penses à cette pauvre Concha qui doit se désespérer sur leur avenir gâché ?

— Elle n'avait qu'à épouser un garçon plus équilibré !

— Tu m'as bien épousé, toi ! Et si tu crois que tes collègues ne doivent pas te plaindre de t'être embarrassé d'une folle de mon espèce...

Emu, il se leva et vint embrasser les grosses joues rebondies.

— Moi, ce n'est pas pareil, et puis, je t'aime !

— Tu t'imagines peut-être qu'elle ne l'aime pas, elle ?

— Je sais, Mercedès, je sais... Mais, écoute-moi : Miguel me fait peur...

— Peur ?

— Ce garçon n'est pas normal... C'est un bloc de haine, sans la moindre fissure... Il est capable de se transformer en assassin d'un moment à l'autre, et c'est pour éviter cela que je le mets à pied... Seulement, je ne suis pas sûr qu'il se calmera pour autant.

— Dans ces conditions, ne vaudrait-il pas mieux

que tu le gardes près de toi pour mieux le surveiller ?

Il l'examina en souriant.

— Tu es habile, Mercedès... Alors, tu voudrais que je lui téléphone ?

— Tu en as autant envie que moi, Alfonso.

— Pour le prier de bien vouloir me pardonner ?

— Ne dis pas de bêtises ! Simplement, demande-lui de venir te voir pour une explication.

— Il est écrit que je n'aurai jamais été capable de te refuser quoi que ce soit.

En soupirant, il alla au téléphone, mais, intérieurement, il était bien content. Ce fut doña Concha qui lui répondit. Mercedès essayait de lire sur le visage de son mari ce qu'on lui disait au bout du fil et, en voyant la figure fermée de don Alfonso, elle se doutait que les choses ne s'arrangeraient pas comme elle l'espérait. Le commissaire raccrocha brutalement le combiné, après avoir salué doña Concha de façon très sèche, puis, se tournant vers sa femme :

— Quand je te disais que Miguel est fou ! Sais-tu où il est maintenant ? Sur le trottoir de l'hôpital San Pablo, à guetter la sortie de Joaquin Puig, car il se méfie et soupçonne ce dernier de vouloir filer pendant la nuit !

— Mais pour quoi faire ?

— Pour lui recogner dessus, parbleu, et l'obliger à de nouveaux aveux. Il est capable de le tuer !

— Que dit Concha ?

— Elle s'habille pour essayer de rejoindre son mari, dans l'espoir de lui faire entendre raison ou pour le moins s'accrocher à lui pour éviter qu'il ne commette quelque sottise dont on ne pourrait plus le tirer.

Le commissaire Martin reprit le téléphone pour appeler son bureau et donner l'ordre aux deux inspecteurs de service de se rendre discrètement devant le San Pablo, de repérer l'inspecteur Lluji et de se relayer pour ne pas le perdre de vue jusqu'à ce qu'il soit rentré chez lui et enfin de venir faire leur rapport au domicile particulier du commissaire sitôt que Miguel aurait réintégré son foyer. Ensuite, à son tour, à la grande exaspération du service qui avait Joaquin Puig en charge, il s'enquit de l'heure à laquelle devait sortir ce monsieur à qui tant de gens semblaient porter un si vif intérêt.

Joaquin Puig avait fini par sombrer dans une sorte d'engourdissement. Sa peur calmée le laissait rompu comme après une longue marche. La pénombre régnait dans la salle où il passait ses ultimes heures de repos. Une lumière tamisée répandait une clarté diffuse qui projetait sur les murs l'ombre monstrueuse des malades les plus proches s'agitant dans leurs lits. Le silence, la chaleur agissaient à la façon de soporifiques. Un gémissement, toutefois, ramena Puig à la surface. Il mit un moment avant de réaliser où il se trouvait puis, tout de suite, il pensa à Ignacio Villar, et, du même coup, fut de nouveau la proie de ses angoisses. Il se rappelait ces histoires de gangsters américains qui, au temps d'Al Capone, venaient tuer un adversaire dans la clinique où il était soigné. Il fixa d'un regard effrayé la porte de la salle commune et faillit crier lors-

180

qu'elle s'ouvrit devant l'infirmière-chef effectuant sa ronde.

L'infirmière, une robuste femme que les malades redoutaient et aimaient, s'approcha de chaque lit, disant un mot à ceux qui ne parvenaient pas à trouver le sommeil, remontant un oreiller ici, bordant un énervé là et lorsqu'elle fut devant Joaquin, en apercevant son regard inquiet et la sueur lui mouillant ses tempes, elle lui demanda s'il avait besoin de quelque chose. Mais, ce dont Puig avait besoin, nul ne pouvait le lui apporter. Il ne répondit pas, se contentant de secouer la tête. Pour le réconforter, l'infirmière crut bon de lui dire :

— Allons, ce n'est qu'une nuit à passer et demain vous rentrerez chez vous... Vous devriez avoir honte de vous battre, à votre âge, surtout que vous semblez avoir de bons amis, si j'en juge par tous les appels téléphoniques que nous avons reçus et tous émanant de gens voulant savoir à quelle heure vous sortirez. J'ai l'impression que c'est un véritable cortège qui va vous accueillir !

Puig ne la vit pas s'éloigner, il n'entendit pas son rire réconfortant. Ils le guettaient et demain, lorsqu'il franchirait le portail, ce serait à celui qui lui sauterait dessus le plus vite ! Tant qu'à faire, Joaquin préférait les policiers. Il savait parfaitement qu'il ne résisterait pas à leurs interrogatoires, surtout si ce Lluji s'en mêlait, mais la prison valait mieux que le couteau de Gomez. Et puis, il essaierait de faire chanter Villar. Il s'arrangerait pour que don Ignacio soit mis au courant de sa volonté de tout dire s'il ne lui venait pas en aide. Il est vrai qu'à peine relâché Puig retomberait dans les mains de Villar et qu'alors on lui ferait payer très cher son marchandage. Les draps lui collaient à la peau, tant il était trempé de sueur. Il n'avait jamais été en prison, mais il y avait rendu visite à des amis dans l'ennui. Il en gardait une impression de saleté, de promiscuité, de laideur épouvantables. Pourquoi avait-il engagé ce Paco Volz? Tout était venu de là! Mais, comment aurait-il pu se douter? Des années et des années de prison! Jusqu'à sa mort! A cette perspective, Joaquin claqua des dents. Jamais il ne pourrait supporter cette existence de bête parquée! Il devait voir don Ignacio avant que quiconque puisse mettre la main sur lui. Il lui fallait filer avant le jour et quand les autres arriveraient pour se mettre à l'affût, ils surveilleraient un terrier vide. Villar lui avait toujours témoigné de l'amitié. Il lui expliquerait. Il le croirait et il lui donnerait l'argent nécessaire pour échapper à la police. S'il réussissait à quitter l'hôpital assez tôt, il pourrait trouver un taxi qui le mènerait au *Tibidabo,* où il attendrait don Ignacio. Et puis, Nina l'aiderait sûrement à convaincre le patron. Lui, Puig, il avait toujours été très chic pour Nina qui semblait une bonne fille. Un souvenir désagréable le fit frissonner, avant de s'injurier à mi-voix. Quel besoin avait-il éprouvé d'aller confier à Villar que la chanteuse paraissait s'intéresser à ce Paco Volz? Il est vrai que don Ignacio le lui avait demandé mais, tout de même, il aurait été mieux inspiré de tenir sa langue.

Doucement, évitant de faire le moindre bruit, il rassembla ses affaires. Quelque part dans l'hôpital, il entendit sonner les onze coups de l'heure. Il ne devait pas essayer de se sauver avant une heure du matin. Se forçant à respirer calmement, il attendit le moment de jouer sa dernière carte.

En proie à son idée fixe : retrouver Puig et l'obliger à répéter devant don Alfonso ce qu'il lui avait avoué, Miguel ne prit pas garde aux deux silhouettes qui, au moment d'arriver devant l'hôpital, s'étaient enfoncées dans une encoignure de porte. Les inspecteurs Muñil et Valerbe ne comprenaient pas trop à quoi rimait la mission dont on les avait chargés, mais ils étaient depuis assez longtemps dans le métier pour ne plus se poser de question avant d'obéir. Lorsqu'ils eurent repéré leur collègue Lluji, envers qui ils n'éprouvaient ni sympathie ni animosité, ils ne pensèrent plus qu'à l'épier selon les directives reçues. Valerbe abandonna son camarade pour rentrer au bureau, promettant de venir le remplacer quatre heures plus tard si, du moins, il était encore là. Dans le cas contraire, Muñil passerait le prévenir de ne pas se déranger. Miguel se demandait s'il avait calculé juste. Dans l'affirmative, personne ne serait là pour lui mettre des bâtons dans les roues et il se faisait fort d'intimider assez Puig pour l'obliger à le suivre. Dans la négative, il en serait quitte pour une nuit blanche. Ce ne serait pas la première. Il alluma une cigarette et, à son tour, alla se poster dans une encoignure de porte d'où il pouvait surveiller l'entrée du San Pablo.

Vers minuit, Esteban Gomez, prenant d'infinies précautions, arriva à son tour. Mais, habitué à ces chasses nocturnes, avant que de pénétrer dans l'espace s'étendant devant l'hôpital, il demeura un long moment aux aguets et c'est ainsi qu'il put repérer les cigarettes de Lluji et de Muñil. L'Andalou sourit. Naturellement, il ne lui vint pas à l'esprit que les deux guetteurs dont il devinait la présence n'étaient pas d'accord. Il crut simplement que le commissaire Martin avait placé ses hommes de manière à embarquer Joaquin sitôt qu'il mettrait le nez dehors. Il eut une pensée amicale pour don Alfonso qui, comme lui, avait deviné que Puig n'attendrait sans doute pas le matin pour filer. Il n'était pas question pour Gomez de jouer sa partie contre les représentants de la loi. Il essaya de se représenter ce que ferait Puig au cas où il s'apercevrait qu'il était attendu. Rusé, Joaquin ne se jetterait pas dans la gueule du loup. Comme il n'avait pas d'autre alternative, Gomez misa sur l'astuce du gibier et s'enfonça dans l'ombre.

A une heure du matin, Puig se glissa sans bruit hors de son lit. Il s'habilla en faisant le moins de gestes possible, s'arrêta de temps à autre pour écouter si un malade s'était réveillé ou s'il entendait les pas d'un infirmier dans le couloir. Quand il fut prêt, il prit ses chaussures à la main et gagna la porte. Heureusement, grâce à ses gonds bien huilés, elle s'entrouvrit sans le moindre grincement. Une ampoule éclairait le vestibule, mais il n'y avait personne. Retenant son souffle, il descendit l'escalier sur ses chaussettes, se coula presque jusqu'au sol en passant devant la salle de garde où dormait l'interne de service. Arrivé devant le portail, il maudit la lampe axiale qui derrière lui découperait sa silhouette en ombre chinoise au moment où il franchirait le seuil. Dans la loge du concierge, une lumière bleue donnait un jour crépusculaire. Une fois encore, Joaquin se mit à croupetons pour ne pas être vu du cerbère au cas où il n'eût point été endormi et, le cœur battant, il atteignit le portillon découpé dans le vantail de bois. Maintenant, il fallait jouer pile ou face. Si le portillon était fermé, il devrait appeler le concierge et bien évidemment celui-ci ne le laisserait pas filer sans explication. Se forçant à réprimer le tremblement de ses mains, Puig tira doucement sur le loquet et le portillon s'ouvrit. Joaquin respira profondément. Le temps lui durait d'être dehors, mais la prudence lui commandait de maîtriser encore un peu son impatience. Par la fente de la porte à peine entrebâillée, il scruta la nuit. Les minutes coulèrent et il allait se décider à sauter sur le trottoir, lorsqu'il repéra le rougeoiement d'une cigarette. Il en demeura raide : on l'attendait ! Les autres avaient deviné son intention. Sur le coup, il s'affola et fut sur le point de regagner son lit. Il en aurait crié de rage. Avoir réussi presque à sortir sans attirer l'attention de personne et voir le chemin fermé, c'était plus que ses nerfs n'en pouvaient supporter. Il dut faire un violent effort sur lui-même pour ne pas se laisser tomber à même le ciment. Avec autant de précautions qu'il en avait mis à l'ouvrir, il referma le portillon. Pour franchir les endroits périlleux, il recommença sa gymnastique et se retrouva au pied de l'escalier qu'il avait descendu plein d'espoir. Le froid qui lui montait le long des jambes lui donna envie d'éternuer et il s'écrasa le nez de son poing pour étouffer le spasme qui risquait de trahir sa présence. Il s'enfonça dans la cour intérieure, à la recherche d'une issue. La chance lui sourit, car après s'être heurté aux portes closes des services d'économat, il finit par découvrir près de la chapelle une entrée réservée aux fournisseurs. Elle était fermée à clef, mais la serrure n'apparaissait pas tellement compliquée qu'il n'en vînt à bout assez rapidement. Joaquin avait de la pratique et, pour une fois depuis les temps lointains où il n'était qu'un vulgaire petit cambrioleur, elle lui servait.

Une fois encore, il inspecta longuement le décor qui s'offrait à lui avant de s'y risquer. Tout semblait calme. Un chat passa et son allure détendue prouva à Puig que le coin était désert. Il laissa la porte entrebâillée derrière son dos et ayant remis ses chaussures s'en alla d'un bon pas. Maintenant qu'il n'avait plus peur, il se sentait assez fier de lui. Les policiers pouvaient toujours faire le pied de grue ! Ce fut au moment où il sortait de la zone d'ombre qu'une main se posa sur son épaule et qu'on chuchota presque à son oreille :

— Félicitations, Puig...

Joaquin ne cria pas. Il était comme pétrifié et ne recouvra ses esprits que lorsque Gomez eut passé son bras sous le sien.

— Venez, Puig, le patron veut vous voir.

Sans la moindre réaction, il se laissa entraîner jusqu'à la voiture qui stationnait tous feux éteints à quelques centaines de mètres de là et y monta sans manifester la moindre velléité de résistance. Dès qu'ils furent installés, l'auto démarra. D'une voix qui se brisait, Puig demanda :

— Où m'emmenez-vous ?

— Au *Tibidabo*.

La villa de don Ignacio! L'espoir recommença à faire battre le cœur de Joaquin. Don Ignacio ne l'attirait sûrement pas dans un guet-apens et, s'il avait voulu se débarrasser de lui, Gomez aurait sûrement pu l'abattre sur place, puisqu'il ne l'avait même pas vu approcher. Après tout, en le faisant conduire à sa villa du *Tibidabo*, Villar allait peut-être au-devant des désirs de Puig qui avait eu bien tort de se faire tant de mauvais sang. Tout s'expliquerait et Joaquin irait se faire mettre au vert en attendant que les policiers détournent leur attention de sa personne. Quand il se fut bien persuadé qu'il était sauvé, Puig se détendit.

Don Ignacio les reçut dans son bureau. A l'égard de Puig, il se montra aussi amical qu'à l'ordinaire et lorsque le domestique qui leur avait servi le whisky se fut retiré, Villar s'enquit :

— Si j'en juge par ce qu'on m'a rapporté et par votre visage, Puig, vous auriez eu de sérieux ennuis ?

— Dont je me suis heureusement tiré, don Ignacio.

— Si vous nous racontiez ce qui s'est passé ?

Joaquin commença son récit avec une certaine réticence, mais en face des figures compréhensives de ceux qui l'écoutaient, il s'enhardit et finit par relater son aventure avec une certaine verve, comme si elle était arrivée à un autre. Il s'appesantit sur le traitement cruel que lui avait fait subir l'inspecteur. Don Ignacio opina du chef et, doucement, remarqua :

— Ce policier est une véritable brute... C'est encore beau qu'il ne vous ait pas tué, Joaquin, et, naturellement, vous n'avez pu lui résister bien longtemps?

— Naturellement.

— Que voulait-il donc savoir?

— Toujours la même chose : ce que nous avions fait de Paco Volz.

— Et vous avez été contraint de le lui apprendre?

— J'ai résisté tant que j'ai pu.

— J'en suis persuadé... Mais, qu'est-ce que vous lui avez dit, au juste? Vous comprenez, Puig, il faut que nous soyons au courant pour parer les pigèes qu'ils peuvent nous tendre.

— Eh bien! don Ignacio, j'ai révélé la manière dont nous avions traité Volz, sur la route de Manresa.

— Je vois... Et avez-vous été obligé de révéler que c'était moi qui avais donné l'ordre de procéder à cette... exécution?

— Je crois bien que oui, don Ignacio.

— Ennuyeux, ça...

— Mais, devant le commissaire Martin j'ai tout nié!

— Je m'en doute... Puig, je pense qu'il serait bon que vous disparaissiez pendant un certain temps...

— C'est aussi mon avis, don Ignacio.

— J'en suis enchanté... Gomez va vous ramener au barrio chino et, demain matin, vous embarquerez sur le *Bolivar* qui fera route sur l'Angleterre... Vous trouverez un chèque de vingt mille pesetas à *Los Angeles y los Demonios*, je l'y ai déposé sur votre bureau, tout à l'heure. Le capitaine du bateau

est averti, il vous changera votre chèque, je n'ai pas
eu le temps de passer à la banque... Lorsque vous
serez là-bas, je vous enverrai mes instructions...

Villar se leva et tendit la main à Puig. Gomez
trouva ce geste inutile : on ne serre pas la main
d'un homme qu'on va assassiner.

Joaquin Puig quitta la villa du *Tibidabo* enchanté.
Il s'en voulait d'avoir pu nourrir tant de craintes
à l'égard de Villar et il éprouvait un peu de remords
de ce qu'il considérait, de sa part, comme une ingra-
titude. Don Ignacio s'était montré compréhensif,
fraternel et Puig savait maintenant que le patron ne
l'abandonnerait jamais.

Puig aurait aimé que Gomez partageât son euphorie, mais l'Andalou restait muet et ne tentait aucun
effort pour amorcer une conversation. Joaquin se
rappela que durant tout son entretien avec don Ignacio, Esteban n'avait pas ouvert la bouche. Peut-être
était-il jaloux de l'amitié que Villar lui témoignait?
Tout entier à ses réflexions, Puig n'avait prêté aucune attention au parcours suivi par l'auto qui
l'emportait. Bien que la nuit fût assez sombre, Joaquin — connaissant par cœur chaque détail de la
route menant au *Tibidabo* — remarqua qu'au lieu
de prendre l'avenida de la Republica Argentina et
de là le centre de Barcelone par la calle Mayer et
le paseo de Gracia, on tournait à gauche. Il ne put
se tenir d'en faire la réflexion à Gomez :

— Vous ne prenez pas le chemin le plus court?
— Je pense que si.
— Pourtant, pour aller au barrio...
— Nous n'allons pas au barrio, Puig.

— Nous n'allons pas...? Mais où allons-nous donc, alors?

— Sur le chemin de Manresa.

Joaquin ne comprit pas tout de suite. A son optimisme, un tel désarroi succédait qu'il ne parvenait plus à se raccrocher à quoi que ce fût pour prendre une vue nette de la situation. Voyons, il n'avait pas rêvé l'accueil amical de don Ignacio? Il n'avait pas rêvé les promesses faites concernant le chèque qui l'attendait chez lui et le départ sur le *Bolivar*? Et puis, brutalement, comme un bourdonnement importun auquel on ne prête pas tout d'abord attention et qui tout d'un coup s'impose à vous au point de ne plus vous laisser entendre autre chose, les derniers mots de Gomez envahirent Puig : sur la route de Manresa! Sur la route de Manresa, où l'on avait emmené Volz pour sa dernière promenade! Sur la route de Manresa! Ecrasé, Joaquin se contenta de balbutier :

— Ce n'est pas que vous avez reçu l'ordre de...?

— Si... Vous devez comprendre que nous ne pouvons pas vous laisser vivre après ce que vous avez révélé aux policiers : tôt ou tard, ils vous obligeraient à parler.

— Mais si je suis en Angleterre?

— C'est un luxe que nous ne pouvons pas offrir.

— Don Ignacio m'a promis!

— Don Ignacio promet beaucoup, Puig.

Un grand vide s'était fait dans l'esprit de Joaquin, le laissant sans réaction. On lui avait menti. On l'avait roulé et il allait mourir parce qu'il avait eu confiance dans ses amis. Une fureur sauvage le souleva et il voulut se jeter sur Gomez, mais celui-ci avait prévu son geste et Puig sentit la pointe d'un couteau à travers sa chemise s'appuyer sur sa poitrine.

— Soyez raisonnable, Joaquin... Ne m'obligez pas à vous tuer dans cette voiture. Je risquerais de vous faire souffrir inutilement.

Sans transition, Puig passa de l'exaltation à l'abattement le plus complet. Il connaissait suffisamment l'Andalou pour savoir qu'il était inutile de tenter de l'apitoyer. Il mourrait donc comme était mort Paco Volz. Il aurait tout manqué dans sa garce d'existence. Il se tassa dans son coin et ne bougea plus, résigné à son sort inéluctable. Pourtant la chance n'avait pas abandonné Joaquin. Au moment où ils abordaient Tarrasa, ils furent arrêtés par une patrouille de gardes civils qui recherchaient une voiture volée. Au moment où le brigadier s'approchait, Gomez ordonna :

— Ne faites pas l'imbécile, Puig, je...

Mais Joaquin n'entendait plus rien. D'une secousse qui le prit au dépourvu, il bouscula l'Andalou et sortit au moment où le policier ouvrait la portière. Ce dernier expliqua sa mission et passa avec lui derrière l'auto pour en contrôler la plaque minéralogique. Gomez n'osa pas descendre, se demandant si Puig révélerait la vérité aux gardes et, dans ce cas, une seule chose à faire : foncer le plus vite possible. Il prévint le chauffeur de se tenir prêt et de ne pas couper le moteur. Si tout se passait bien, il rattraperait vite Puig. Joaquin le savait aussi. Dénoncer don Ignacio et Esteban le mènerait en prison avec eux et il ne voulait pas qu'on l'enferme.

Joaquin se creusait la tête pour savoir comment il pourrait retenir les policiers. Le brigadier se redressait, la vérification terminée, lorsque Puig lui chuchota :

— Monsieur le Brigadier, je me fais peut-être des idées, mais ces types qui m'ont ramassé sur la route où je faisais de l'auto-stop ne m'inspirent qu'une très vague confiance...

— Ah ! Et pourquoi, señor ?

— Je ne sais pas, à vrai dire, mais celui qui était assis à mes côtés porte dans sa poche intérieure quelque chose qui pourrait bien être un couteau de dimensions respectables, enfin une de ces armes comme les honnêtes gens ont rarement l'habitude d'en porter. En tout cas, personnellement, je préfère continuer ma route en taxi.

— Vous avez raison, señor, et merci du tuyau... Je vais voir ça de plus près.

Pendant que le garde civil retournait vers Gomez, Puig en profita pour s'esquiver et se mettre en quête d'une voiture qui le ramènerait à Barcelone. Au premier angle de rue, il se retourna pour voir ce qui se passait avec Esteban et il aperçut ce dernier qui, les bras en l'air, était fouillé par les policiers. L'un des gardes appela un officier et toute la troupe, y compris le chauffeur Felipe, s'éloigna. Joaquin avait un bon bout de temps devant lui.

Dans une valise, Puig empilait tout ce qu'il croyait avoir de précieux et surtout l'argent qu'il cachait chez lui depuis des années, n'ayant aucune confiance dans les banques. Il était à peine trois heures et demie et il allait se rendre à la gare prendre le premier train qui partirait, quelle que soit sa direction. Pour le moment, il n'avait qu'une idée : échapper à don Ignacio et à Gomez. Tout le reste n'offrait plus aucune importance. Il jeta un dernier coup d'œil autour de lui. C'était quand même dur d'abandonner ce refuge que par la faveur de Villar il avait pu se créer au premier étage de la maison qui abritait le cabaret mais quand il s'agit de vivre ou de mourir ! Il calcula qu'il devait bien avoir au moins une bonne heure d'avance sur Estaban qui, sans aucun doute, viendrait directement ici lorsque les policiers l'auraient relâché. Si le portier voyait Puig sortir avec une valise, l'Andalou pourrait deviner que sa victime récalcitrante chercherait à gagner la gare. Joaquin décida donc de filer par la porte de derrière mais il ne put réprimer un frisson en se rappelant que c'est par là qu'il avait fait sortir Paco pour le livrer aux tueurs qui l'attendaient. Prenant soin de faire le moins de bruit possible, il se glissa par l'escalier de service et atteignit la porte ouvrant sur la courette d'où l'on pouvait déboucher dans la calle d'Este. Le ciel s'éclaircissait légèrement sur la mer, le vent avait fraîchi. Puig buta contre une caisse et, étouffant un juron, eut du mal à retrouver son équilibre. Instinctivement, il se raccrocha à un bras qui sortait de l'ombre pour le retenir. Il ne réalisa pas sur le coup ce que cela signifiait. C'est en murmurant un remerciement qu'il prit conscience de la présence d'un autre près de lui. Il en laissa choir sa valise, paralysé de nouveau par la peur. Etait-il possible qu'Esteban fût déjà là ? Mais non, la silhouette qui se dégageait de l'abri du mur n'était pas celle de l'Andalou. Un miséreux, peut-être, qui sollicitait une aumône? Un clochard qui ne savait où coucher et qui était venu se réfugier dans la courette? Joaquin s'apprêtait à repousser l'importun lorsque ce dernier s'approcha de lui à le toucher, chuchotant :

— Vous souvenez-vous de Paco?

Alors, Puig comprit qu'il se trouvait en face du tueur qui avait déjà abattu Miralès et Ribera. Il voulut crier, mais aucun son ne sortit de sa bouche largement ouverte et il ne fit aucun geste pour se défendre lorsque l'effroyable douleur lui fouilla le ventre.

CHAPITRE X

Pâle d'insomnie et d'énervement, Miguel attendit que l'hôpital ouvrît ses portes au trafic quotidien et régulier pour demander au concierge (en montrant sa plaque de police) de se renseigner au sujet de Joaquin Puig. Il eut du mal à croire le portier lorsque celui-ci lui rapporta que le señor Puig avait disparu et qu'on le soupçonnait d'être parti pendant la nuit. La colère fit prononcer à Lluji des paroles très dures quant à la manière dont on surveillait les malades et, pour mettre le comble à sa rage, en sortant, il aperçut son collègue Valerbe qui, à sa vue, essaya vainement de se dissimuler. Il ne s'était risqué hors de sa cachette que parce qu'il croyait Miguel pour un bon moment au San Pablo. Lluji, énervé, heureux de passer sa mauvaise humeur sur quelqu'un, fonça vers son collègue :

— Qu'est-ce que vous faites là ?

— Mission.

— Qui surveillez-vous?

L'autre haussa les épaules sans répondre. Miguel insista :

— C'est moi, hein?

— Et qui voulez-vous que ce soit?

— Ordre du commissaire Martin?

— Oui.

— Où devez-vous lui faire votre rapport?

— Chez lui.

— Eh bien! allons-y ensemble, comme cela je pourrai confirmer vos dires!

— Vous risquez de me mettre dans une situation difficile, mais j'imagine que cela vous est égal?

— Absolument.

Ce fut don Alfonso lui-même qui les reçut et s'il éprouva quelque surprise de la présence de Miguel, il n'en laissa rien voir. Il fit entrer les deux hommes dans son bureau et écouta le rapport de Valerbe qui conclut :

— En ne voyant pas ressortir l'inspecteur Lluji de l'hôpital, j'ai pensé qu'il avait pu sortir par une autre porte et je me suis avancé; c'est alors qu'il a réapparu et je n'ai pas eu le temps de regagner ma planque.

— Aucune importance, Valerbe. Vous me donnez votre parole que vous n'avez pas perdu de vue l'inspecteur Lluji — disons de minuit à sept heures — vous ou votre collègue Muñil?

— Je vous en donne ma parole, señor Commissaire.

— Très bien, Valerbe, je vous remercie. Allez

vous reposer maintenant et ne venez au bureau qu'en fin d'après-midi.

L'inspecteur parti, don Alfonso et Miguel se regardèrent. Ce fut le commissaire qui parla le premier :

— Te souviens-tu de quelle façon tu t'es exprimé à mon égard hier soir ?

Ils n'étaient ni l'un ni l'autre en colère, mais tristes simplement, car tous deux tenaient à leur amitié. Miguel songea à ce que lui avait dit Concha et, prenant sa respiration, il déclara d'une voix enrouée :

— Don Alfonso... Je ne pensais pas ce que je vous ai reproché... La colère... La déception... Enfin, vous comprenez ?

Le commissaire avait presque la larme à l'œil tellement il était heureux de retrouver son Miguel. Il joua les bourrus pour masquer son émotion :

— Je le sais bien, imbécile ! Cela n'empêche que c'est rudement désagréable à entendre...

A ce moment, doña Mercedès, qui écoutait derrière la porte, entra rayonnante, apportant le café. Tout redevenait comme avant et on pouvait recommencer à être gais et à bien s'aimer sans se poser d'autres questions. La brave femme annonça qu'elle allait fabriquer une immense tarte à l'orange et qu'elle tenait absolument à ce que Miguel et Concha viennent la manger en leur compagnie le lendemain soir. Lluji dut s'engager formellement avant d'écouter ce que lui rapportait son chef :

— Répète-toi, Miguel, que je veux autant que toi agrafer Villar, mais je suis obligé, nous sommes obligés d'agir selon la loi, car l'homme est assez fort et ceux qui le conseillent assez malins pour nous échapper si nous contrevenons en quoi que ce soit au Code. Tout n'est qu'une question de patience et j'en ai. Je regrette que tu en sois dépourvu.

— Quand je pense à Paco et à mon père, je vois rouge !

— Et tu crois que ce serait les venger que de te retrouver en prison avec une inculpation de meurtre sur les bras ?

— C'est pour ça que vous m'avez fait surveiller par Valerbe et Muñil ?

— Oui.

— Vous m'excuserez de ne pas vous en remercier !

— Et, pourtant, si tu n'étais pas un ingrat, tu devrais le faire, Miguel !

— Par exemple ! Et pour quelles raisons ?

— Parce que le rapport de mes deux inspecteurs empêche qu'on puisse t'attribuer le meurtre de Joaquin Puig.

Abasourdi, Lluji ne put que balbutier :

— Puig est... Il a été ?

— On a trouvé son corps ce matin dans la petite cour qui est derrière son cabaret.

Miguel réalisait en effet à quel danger il avait échappé. Après ce qui s'était passé la veille entre Puig et lui, l'impossibilité où il se serait trouvé de fournir un alibi l'aurait mis dans une situation telle qu'il eût été déféré devant les juges pour meurtre prémédité. Il frissonna.

— Don Alfonso... Cela m'est dur à reconnaître, mais je crois bien que je suis un imbécile.

— Mais non, mais non, tu es simplement un garçon qui cède trop vite à ses nerfs. Il faut t'obliger à te maîtriser.

— Je n'y arriverai jamais puisque je n'y suis pas encore arrivé depuis le temps !

— Mais si, tu verras. Je suis persuadé que tu deviendras un autre homme lorsque nous aurons collé Villar en cellule.

— Je le pense aussi, don Alfonso, mais quand y parviendrons-nous?

— Qui sait? Peut-être plus tôt que tu ne te l'imagines.

— On ne peut pas l'arrêter pour le meurtre de Puig?

— Pas de preuve.

— Pourtant, c'est forcément lui qui l'a fait tuer pour l'empêcher de parler.

— Sans doute et c'est à cause de toi, Miguel, que Puig est mort. Si tu n'avais pas été raconter à don Ignacio...

— Tant pis... je ne regrette rien. Puig avait participé au meurtre de Paco. Comment a-t-il été tué?

— Le couteau, toujours.

— Alors, il n'y a qu'à empoigner Gomez, c'est le seul qui soit capable de se servir d'un couteau, don Ignacio aurait trop peur de se salir les mains !

— Je suis d'accord avec toi et cela n'arrange pas nos affaires.

— Pourquoi?

— Parce qu'à l'heure où on assassinait Puig, Esteban Gomez se trouvait au poste de gendarmerie de Tarrasa.

Le commissaire rapporta à Miguel les événements de la nuit et comment Puig avait probablement échappé à Gomez pour aller se faire tuer par un autre.

— Villar?

— C'est vraisemblable mais, comment le prouver? Et puis, il se pourrait bien, après tout, que nous fassions fausse route et qu'il y ait un tueur attaché aux trousses de la bande, un tueur qui aurait été un ami de Paco?

— Je ne le crois pas. Paco m'aurait parlé de cet ami.

— Alors, qui est l'auteur des lettres anonymes demandant à Villar s'il se souvient de Paco? Tu ne penses tout de même pas que c'est don Ignacio qui se les adresse à lui-même?

— Non, je sais qui c'est, mais ce n'est pas l'assassin.

A son tour, Miguel confia à don Alfonso la pauvre histoire de Juanita. Son chef ne parut pas autrement convaincu.

— Elle t'a dit peut-être la vérité comme elle peut t'avoir menti. Une femme qui aime est capable de n'importe quoi. A ta place, je la ferais surveiller et je tâcherais de savoir où elle était cette nuit.

— Cela veut-il dire que... que vous me rendez mon insigne?

— Tu le trouveras dans le tiroir de mon bureau.

Lorsque Lluji fut parti après avoir juré à doña Mercedès qu'il viendrait le lendemain avec Concha manger la tarte à l'orange, la femme du commissaire Martin embrassa son mari.

— Tu es content, hein, Alfonso?

— Bien sûr.

— Dis donc, tu me réponds d'une drôle de façon!

— Je t'assure que...

— Ne mens pas, don Alfonso! Il y a encore quelque chose qui ne va pas! Qu'est-ce que c'est?

— Eh bien! ce sont tous ces gens qu'on assassine...

— Et alors?

— ... D'un coup de couteau au ventre...

— Au ventre ou ailleurs! L'important, c'est qu'on les tue, non?

— Tu ne comprends pas, Mercedès... Tous ces hommes sont morts comme est mort le père de Miguel... Tu ne trouves pas ça curieux?

Don Ignacio revenait de visiter ses fleurs, lorsque Gomez arriva à la villa du Tibidabo. Dès que les deux hommes se furent enfermés dans le bureau de Villar, ce dernier demanda :

— C'est fini?

L'Andalou secoua la tête.

— Comment? Il vous a échappé?

Esteban dut avouer la manière dont il avait été joué par Puig avec l'involontaire complicité des gardes de Terrasa qui venaient de le relâcher.

— Si je comprends bien, Puig savait ce que vous vous proposiez de faire?

— Oui.

— Alors, nous sommes dans le pétrin, Esteban.

— C'est pourquoi, don Ignacio, je crois que le plus sage est de boucler nos valises pendant qu'il en est encore temps.

— Parce que vous pensez que Puig va aller trouver les policiers?

— Mettez-vous à sa place, don Ignacio?

— Dans ce cas, pourquoi les policiers ne sont-ils

pas encore là ? Il est plus de dix heures... Reprenez votre sang-froid, Gomez.

Malgré l'angoisse qui l'étreignait, Villar s'efforçait de montrer un masque impassible. Lui aussi comprenait que tout était perdu si Puig parlait et déjà, il tentait d'établir un plan de fuite en lançant les policiers sur la piste de l'Andalou. Pour se donner le temps de réfléchir, don Ignacio tourna le bouton du poste de radio. Sur un dernier accord, un orchestre cédait la place au journaliste donnant les dernières nouvelles de la matinée. Villar allait fermer le poste lorsque une speakerine annonça qu'aux premières heures de la matinée, on avait découvert dans une courette jouxtant l'établissement célèbre qu'il dirigeait, le corps de Joaquin Puig tué d'un coup de couteau.

Gomez se leva d'un bond. Hébété, il regardait don Ignacio qui souriait.

— Eh bien ! Esteban, vous voyez que vous aviez tort de vous inquiéter : Joaquin ne parlera pas aux policiers.

— Don Ignacio, je m'incline : vous êtes le plus fort ! Mais comment avez-vous deviné ?

— Deviné quoi ?

— D'abord que Puig m'échapperait et qu'ensuite il retournerait au cabaret ?

— Mais je n'ai rien deviné du tout ! Vous voulez me faire marcher, Gomez ?

L'Andalou n'y comprenait plus rien du tout.

— Pourquoi refuser mes félicitations et l'argent qui vous est dû, Esteban ? Vous espériez peut-être me voir augmenter la somme en me laissant croire que Puig était toujours vivant ?

— Don Ignacio, je n'ai pas rempli les conditions de notre marché.

— Ce qui veut dire?

— Que je n'ai pas tué Puig.

— Allons donc!

— Vous oubliez que je n'ai quitté le poste de Terrasa qu'à neuf heures et que je m'y trouvais depuis deux heures du matin! La chose est facile à vérifier et vous pouvez être sûr que le commissaire Martin s'y est déjà employé... Je ne comprends vraiment pas pourquoi vous tenez à me faire endosser un crime que vous avez commis et dont je vous félicite d'ailleurs, car il nous tire une belle épine du pied!

— Gomez, écoutez-moi bien : je vous donne ma parole que je ne suis pas sorti de chez moi depuis que vous êtes parti d'ici en compagnie de Puig.

— Mais alors, si ce n'est pas vous et puisque ce n'est pas moi, qui?

Tous deux connaissaient la réponse, mais aucun n'osait la formuler.

Elle priait avec ferveur sous le regard attendri de don Jacinto. Avant d'entrer dans l'église, elle avait lu dans le journal la découverte du corps de Joaquin Puig. Elle pensa à Villar et à Gomez qui, eux aussi, étaient responsables, comme les trois autres qui avaient déjà payé la mort de Paco. Elle demandait à Nuestra Señora de los Reyes de ne pas permettre que les deux derniers s'en tirent. Il fallait qu'ils meurent et ainsi Paco serait vengé. Peut-être, quand ils seraient tous morts, souffrirait-elle moins de sa vie gâchée? Car Paco lui avait promis de l'emmener loin de Barcelone. Paco l'aimait et elle l'aimait. Il lui avait montré que son existence n'était pas ce qu'elle aurait dû être, qu'elle méritait bien plus que cela encore.

Lorsqu'elle se releva, don Jacinto s'inclina fort bas pour la saluer et la précéda jusqu'au bénitier pour avoir l'honneur de lui tendre de l'eau bénite. En la regardant s'éloigner, le sacristain était persuadé qu'il venait d'effleurer les doigts d'une future sainte.

Plongés tous deux dans leurs pensées, ils ne prirent pas garde tout de suite à la sonnerie du téléphone. Maintenant, ils savaient l'un et l'autre qu'un tueur s'attachait à leurs pas, un tueur qui les connaissait bien, un tueur avec lequel il n'était pas possible de passer un compromis. Lui ou eux. Mais comment abattre cet ennemi dont on ignorait le visage? De quelle façon s'en défendre seulement? Villar alla répondre. Il décrocha d'un ton rogue :

— Villar à l'appareil...

Alors, très aimablement, une voix demanda :

— Vous souvenez-vous de Paco, señor?

Avant même d'être revenu de sa surprise, don Ignacio entendit le déclic de l'appareil qu'on raccrochait. A son tour, pâle, les lèvres serrées, il reposa le combiné. Gomez, qui l'observait, remarqua l'altération de ses traits.

— Qui était-ce, don Ignacio?

— Le tueur.

L'Andalou se leva.

— Que voulait-il?

— Me demander si je me souvenais de Paco.

— Et... Vous n'avez pas reconnu sa voix?

Villar regarda Esteban avec des yeux de dément.

— Je crois que si...

— Louée soit la Purissima! Il ne nous ennuiera plus très longtemps, maintenant! Qui est-ce?

— Nina.

Abasourdi, Gomez ne réalisa pas tout de suite ce que Villar venait de dire puis, il haussa les épaules.

— Nina?... Nina de las Nieves? Votre Nina?

— Oui.

— Mais enfin, don Ignacio, elle aurait téléphoné de sa chambre pour nous jouer ce mauvais tour?

— Elle n'a pas couché ici.

— Elle n'a pas?...

— Non, je ne savais pas trop ce que nous serions obligés de faire avec Puig et je préférais qu'elle ne fût pas témoin... Je l'ai envoyée passer la nuit au *Colon*... et j'ai donné congé aux domestiques.

— Peut-être, don Ignacio, pourriez-vous demander à l'hôtel si Nina est encore là et si elle a réclamé votre numéro?

L'employé du *Colon* fit savoir que la señorita était partie depuis un bon quart d'heure et qu'elle n'avait pas téléphoné.

Gomez respira, soulagé, car il n'aimait pas ce qui dépassait son entendement.

— Vous avez dû vous tromper, don Ignacio.

— Peut-être... pourtant, il m'a semblé entendre des intonations propres à Nina... Il est vrai que mon correspondant parlait sans doute à travers un mouchoir.

Contrairement à l'Andalou, Villar n'était pas

convaincu. Comme tous les chefs voyant chanceler leur fortune, il cherchait la raison de sa défaite dans la trahison. De ses compagnons, Gomez était le dernier survivant et il ne pouvait le rendre responsable des meurtres qui le mettaient en fâcheuse posture aux yeux de la loi. Alors qui pouvait s'acharner contre eux, sinon Nina? Gomez, qui croyait deviner ce qui se passait dans le cœur de son chef, voulut le revigorer.

— En tout cas, Nina de la Nieves n'est pas femme à tuer et surtout pas ce pauvre Joaquin envers qui elle a toujours témoigné beaucoup d'amitié! Au surplus, quelles raisons aurait-elle de vouloir venger Paco?

— C'est justement ce qu'il importe de savoir, Esteban.

Et parce qu'il se sentait soudain trop vieux et trop seul, Villar confia ses soucis à l'Andalou. Il lui rapporta l'étrange démarche de Nina auprès de Puig pour essayer de se renseigner sur le sort de Paco. Il souligna que sa maîtresse était rentrée seule au Tibidabo la nuit où Ribera avait été tué, qu'elle avait passé la nuit au *Colon* lorsque Miralès avait été assassiné et qu'enfin, par un curieux hasard, nul n'était capable de contrôler exactement ce qu'avait pu faire la jeune femme tandis qu'on abattait Puig. Tout cela dépassait Gomez.

— Mais enfin, don Ignacio, en admettant que vous ayez raison, pourquoi aurait-elle commis ces crimes? Pourquoi cet acharnement contre nous? Contre vous?

— Tout s'expliquerait si ce Paco avait été son

amant et qu'elle veuille nous punir de l'avoir privée de l'homme qu'elle aimait?

Il fallait vraiment que Villar fût complètement désemparé pour admettre devant un autre l'hypothétique infidélité de sa maîtresse. Pour Gomez, tout s'écroulait de ce monde qu'il s'était bâti et où les femmes ne tenaient aucun rôle. A l'idée qu'on avait pu le berner à ce point, une colère rageuse lui nouait les muscles. La voix tremblante, il demanda :

— Alors? Qu'est-ce qu'on fait?

— On attend cette chère petite pour lui poser quelques questions.

Le visage ruisselant de larmes, la tête ballottant sous les gifles que don Ignacio lui administrait à toute volée, Nina de las Nieves, effondrée dans le fauteuil où Gomez l'avait poussée d'une bourrade au moment même où elle entrait dans la pièce où se tenaient les deux hommes, serrait les dents pour ne pas crier. Inlassablement, la question de Villar lui martelait le crâne, se vrillant dans son cerveau :

— Pourquoi as-tu tué Puig?

D'abord, elle avait été trop stupéfaite pour répondre puis elle avait protesté de toutes ses forces. Elle! Assassiner ce pauvre Joaquin qui s'était toujours montré si empressé à son égard au point qu'elle le croyait amoureux? C'était une idée de fou! Un moment, elle craignit que don Ignacio eût perdu la raison et elle se tourna vers Gomez comme pour l'appeler au secours mais elle se rendit compte que l'Andalou la regardait avec une telle haine qu'il n'y avait rien à espérer de ce côté.

— Vas-tu répondre, oui ou non?

Elle devinait bien qu'au-delà de la fureur de Villar, grondait une peur panique. Il aurait été soulagé d'apprendre que c'était elle la meurtrière. L'aveu de la jeune femme l'eût délivré de cette angoisse dont il ne pouvait plus se défaire maintenant que l'assassin se rapprochait peu à peu de lui. Mais elle ne pouvait tout de même pas prendre la responsabilité de crimes qu'elle n'avait pas commis ! Au surplus, il ne se contenterait sûrement pas de son aveu, il voudrait des détails qu'elle se sentait incapable d'inventer et qui, sûrement, ne cadreraient pas avec la réalité. Une cloche battait dans sa tête et ses joues en feu lui donnaient l'impression de s'être trop approchée d'un brasier.

— Méfie-toi, Nina, je continuerai jusqu'à ce que tu répondes, même si tu dois en crever !

Elle était convaincue qu'il mettrait sa menace à exécution. Elle ne pouvait rien pour l'en empêcher.

— Tue-moi si tu veux, Ignacio, puisque tu es devenu fou au point de croire que je suis capable d'éventrer des hommes à coups de couteau...

C'était vrai que dans la silhouette encore gracieuse de cette poupée disloquée, rien ne faisait penser au boucher responsable de la mort de Ribera, de Miralès et de Puig. Comme frappé par cette évidence, Villar s'arrêta de cogner. Il alla se verser un verre de cognac qu'il vida d'un trait, puis revint vers sa victime.

— Tu m'obliges à faire des choses que je déteste, Nina... Mais je veux savoir ! Pour quelles raisons t'es-tu enquis du sort de Paco auprès de Puig ?

Elle se sentait tellement lasse, qu'elle souhaitait mourir et puis, elle se doutait que Villar en était au moment où, traqué par la police et par le tueur inconnu, il n'hésiterait pas à tuer à son tour pour essayer de protéger sa fuite. Mais si elle devait être la prochaine victime, elle tenait à porter un dernier coup à son bourreau. Elle leva vers lui son regard limpide et, d'une voix douce :

— Parce qu'il était mon amant.

Elle ferma un peu les yeux en attendant le coup qu'il allait lui assener. Elle les rouvrit, étonnée par le silence régnant dans la pièce alors qu'elle croyait à une explosion. Raidi, les yeux exorbités, Villar l'examinait. Stupéfait, Gomez ouvrait la bouche. Il ne comprenait pas comment, ayant la chance d'être la maîtresse de don Ignacio, cette imbécile avait pu le tromper avec un rien du tout du genre de ce Paco Volz qu'il avait tué sans même y prêter attention. Pour Villar, l'aveu de Nina ôtait le dernier voile qui, jusqu'ici, lui avait masqué sa situation.

L'audace de la jeune femme lui montrait, mieux que n'importe quelle autre preuve, où il en était. Tout le monde l'avait trahi. Il eut, un instant, la tentation de tout laisser tomber. Que le tueur agisse comme il l'entendrait... Que la police fasse ce qu'elle voudrait, il n'avait plus envie de lutter puisque Nina aussi s'était déclarée contre lui. Et puis, le vieil instinct de conservation reprit le dessus. Tant qu'il avait une chance de s'en tirer, il se devait de la jouer. Lentement, il s'approcha de Nina.

— Tu te doutes de ce qui va t'arriver, n'est-ce pas?

— Bien sûr.

— Puisque tu aimais ce Paco, mon dernier témoignage d'affection sera de t'envoyer le rejoindre.

Il se tourna vers l'Andalou.

— Gomez s'en chargera.

Esteban haussa les épaules pour montrer son indifférence. Pendant la guerre civile, il avait déjà tué des femmes. Nina voulut braver don Ignacio.

— Tu n'as pas le courage de t'en charger?

Redevenu maître de lui, il s'inclina en souriant

— Ce n'est pas le genre de besogne qui me convient, ma chère.

Gomez respira largement. Il retrouvait don Ignacio. Allons! rien n'était encore perdu! Sans plus se soucier de Nina, Villar exposa son plan à l'Andalou.

— Je crois que c'est fini pour nous, Gomez.

— Fini?

— Il faut savoir reconnaître quand on a perdu la partie, sinon un entêtement stupide peut vous mener à la catastrophe. Nous n'échapperons pas au tueur que la police ne met aucune hâte à trouver, peut-être parce qu'il en fait partie? Je ne pouvais pas me douter en éliminant ce mouton de Paco que j'allais déclencher une pareille réaction. J'ai tiré une mauvaise carte, tant pis! Maintenant, il s'agit de se sortir d'affaire. Nous allons filer, Gomez. J'ai pas mal d'argent à Londres et ici, je peux, en rassemblant mes disponibilités, partir avec un joli viatique. Je vous emmène avec moi et nous tâcherons de recommencer ailleurs. Mais j'ai besoin de la journée pour pouvoir me retourner. J'ai eu une excellente idée de donner congé aux domestiques. Vous resterez là, Gomez, jusqu'à ce que je vous téléphone de faire ce que vous avez à faire avant de venir me rejoindre là où je vous l'indiquerai. Nous partirons cette nuit pour le Portugal, par la route. De Lisbonne, tous les chemins nous seront ouverts. Nous reviendrons à Barcelone lorsque la police aura daigné arrêter le tueur.

Nina fit entendre un petit rire moqueur.

— En somme, vous vous sauvez, don Ignacio?

— La fuite est aussi une tactique valable, chère amie.

Le commissaire Martin reposa le téléphone.

— Villar vient d'entrer dans son bureau. J'ai placé des hommes qui ne doivent pas le quitter de l'œil s'il ressort et le suivre partout où il ira. J'espère que nous aurons plus de chance qu'avec Puig et que nous pourrons sauter le tueur avant qu'il n'abatte don Ignacio.

— Pourquoi ne pas le laisser achever sa besogne?

— Parce que je suis policier, Miguel, et que je dois veiller à la sécurité de mes concitoyens quelle que soit l'estime que je leur porte.

— Et vous êtes sûr que ce sera Villar la prochaine victime?

— Lui ou Gomez, mais celui-ci on ne sait où le chercher. Il n'est pas rentré chez lui. Je vais retourner à la maison, Lluji, pour prendre un peu de repos, car j'ai l'intention de passer la nuit dans mon bureau. Nous nous relaierons. Reste ici et lorsque je reviendrai tu iras rejoindre doña Concha.

— Autrement dit, don Alfonso, vous ne tenez pas tellement à ce que je me mêle de ce qui va se passer?

— Pas tellement, en effet, Miguel.

CHAPITRE XI

La matinée s'était écoulée sans qu'ils échangeassent un mot. Toutefois, Gomez avait permis à Nina d'aller se baigner le visage et remettre un peu d'ordre dans sa toilette. Puis, elle était revenue s'asseoir dans son fauteuil, fumant cigarette sur cigarette, en se demandant quelle ruse il lui fallait essayer d'employer pour échapper au tueur qui ne la quittait pas de l'œil. Plus que tous les autres compagnons de Villar, Nina avait toujours redouté l'Andalou. Il lui faisait peur rien qu'à le regarder marcher. Elle devinait en lui une bête féroce pour qui tuer n'avait pas plus d'importance que de manger un morceau de pain. On ne lui connaissait aucun vice et elle n'avait jamais entendu parler qu'il s'intéressait aux femmes. Il menait une existence en marge sur laquelle personne n'avait jamais eu droit de regard. Elle savait qu'il était pieux, mais sa foi tenait bien davantage de la superstition que de la croyance dans la véracité des dogmes. Son culte pour la Vierge ne l'empêchait nullement de commettre des crimes. Il imaginait sans doute, en bon Sevillan, se laver de ses péchés en passant marché avec Dieu, marché qu'il réglait avec de gros cierges et des prières. Plus retors qu'intelligent, Esteban vivait dans un monde barbare, construit à son image.

Vers treize heures, elle dit :

— J'ai faim...

— Et alors?

— Si vous voulez, nous pouvons préparer de quoi manger, il y a tout ce qu'il faut dans le frigidaire.

Que risquait-il? Il n'avait qu'à la suivre pas à pas. Sans compter que, lui aussi, il se mettrait bien quelque chose sous la dent. Tandis qu'elle cuisinait, il ne pouvait s'empêcher de l'admirer. Elle ne semblait pas penser au sort qui lui était réservé. Peut-être se figurait-elle qu'il se laisserait attendrir? Il ricana en songeant que les femmes n'avaient pas plus de cervelle que les oiseaux. D'ailleurs, celle-là était comme les autres puisqu'elle avait été assez sotte pour tromper un Villar avec un voyou qui aurait vécu à ses crochets.

Ils déjeunèrent en tête à tête et quelqu'un qui les aurait vus eût été à cent lieues de se douter que, de ces deux convives, l'un devait, avant le soir, mourir de la main de l'autre. Au début, ils ne parlèrent pas et puis la gentillesse de Nina produisit son effet et Esteban se dégela. Ils bavardèrent alors comme de vieux amis et Gomez ne put s'empêcher de demander à la jeune femme les raisons qui l'avaient poussée à préférer la certitude de sa situation auprès de Villar à une aventure médiocre avec Paco. Elle rit et l'Andalou fut tout près de se fâcher, mais Nina parla de la jeunesse de Paco qu'elle opposait au vieil homme qu'était devenu don Ignacio, qui la traitait sans aucun égard. Elle lui expliqua qu'une fille comme elle avait besoin d'autre chose que d'une existence assurée et que, de plus, elle n'avait jamais eu confiance en Villar capable de sacrifier n'importe qui lorsque son intérêt était en jeu. Il protesta, mais sans trop de conviction, car il ne pouvait oublier le changement survenu en celui qu'il considérait comme son patron depuis que l'inspecteur Lluji était venu le voir au cabaret du barrio chino. Ce fut seulement par principe qu'il protesta. Nina l'écouta, se contentant de répondre :

— Vous verrez bien !

Elle regagna son fauteuil, où elle alluma une cigarette. Cette indifférence choqua Gomez.

— Qu'est-ce que je verrai?

Elle ne répliqua pas et il ne s'en exaspéra que davantage.

— Eh bien ! quoi? Dites-le donc, ce que je verrai?

Ce fut d'une voix très douce qu'elle demanda :

— Vous croyez vraiment que don Ignacio va vous emmener avec lui au Portugal?

Un instant, il fut désarçonné mais réagit très vite.

— Naturellement, qu'il m'emmènera !

— Pourquoi?

— Comment ça, pourquoi? Mais parce qu'il me l'a promis !

Elle se contenta de sourire, et ce sourire tordit les nerfs de l'Andalou. Une angoisse confuse montait en lui. C'était vrai, après tout, qu'il n'avait que la parole de don Ignacio... De son ton égal, et comme se parlant à elle-même, elle dit :

— Villar n'a nul besoin de vous pour manger ses économies et vous serez davantage une gêne qu'un secours pour lui permettre de recommencer sa vie. A moins qu'il ne soit subitement devenu philanthrope, je ne vois vraiment pas pourquoi il s'embarrasserait de vous?

Il perdait pied, la discussion n'étant pas son fort.

— Je lui ai toujours été fidèle... Je lui ai rendu des services...

— Justement... vous êtes très compromettant, Gomez, et, au fond, il ne sait pas si ce n'est pas vous qui avez tué Miralès, Ribera et Puig...

— Mais si, il le sait !

— Ou il s'en persuade, mais je suis convaincue qu'il garde un doute... Je connais bien son caractère méfiant et alors pourquoi emmènerait-il avec lui un homme dont il peut penser qu'il cherche à l'abattre?

Il ne voulait pas se l'avouer, mais il ne voyait rien à lui répliquer. Il n'aurait pas dû accepter cette conversation et, maintenant, il était trop tard. Les paroles de Nina s'incrustaient en lui et il se doutait bien qu'il ne pourrait plus s'en débarrasser. Sans attendre sa réponse, elle continuait et il n'osait pas la faire taire. Tout ensemble, il redoutait ce qu'elle dirait encore et il avait envie de l'entendre.

— Le meurtre de Paco Volz a été l'erreur, mais Villar ne pouvait pas se douter que la mort de ce garçon mettrait en branle la police criminelle de Barcelone. Alors, il a pris peur. Ses amis sont devenus ses ennemis parce que capables de révéler que don Ignacio était l'instigateur du meurtre. Et Ribera est mort, et Miralès est mort, et Puig est mort. Désormais, il n'y a plus que vous et moi, Gomez, qui soyons au courant, qui représentions encore un danger pour Ignacio Villar. Moi, il vous a chargé de m'éliminer. Il ne restera donc plus que vous. Pourquoi vous ferait-il grâce, à vous, puisque votre disparition le mettrait à l'abri de toute poursuite et lui permettrait de rester à Barcelone? A son âge, on n'aime guère à s'expatrier.

Ça se défendait ce qu'elle racontait, cette fille. Habitué à ce qu'on n'agît pas gratuitement à son égard, Gomez s'avouait qu'il avait été bien fou de s'imaginer que Villar s'inquiéterait de son sort. Cependant, don Ignacio se transformant en meurtrier matérialisait une hypothèse à laquelle il ne parvenait pas à croire.

— Tout à l'heure, vous insinuiez qu'il avait peut-être peur de moi en s'imaginant que je pouvais être le meurtrier des autres et, à présent, vous avez l'air de dire que c'est don Ignacio qui...

— Mais non, je sais très bien que Villar n'est plus capable de tuer quelqu'un, la preuve en est qu'il vous a chargé de m'exécuter. Il n'empêche que tout le monde disparaît autour de lui. Qui vous prouve que l'assassin mystérieux n'agit pas sur son ordre? Je crois don Ignacio capable de tout pour se préserver.

Dans le silence qui suivit, Esteban se concentrait. Il fallait réfléchir, sa vie en dépendait. Le meurtre de Paco, personne n'était capable d'apporter la moindre preuve contre lui. Par contre, tuer Nina de las Nieves apparaissait comme une autre histoire. La célébrité de la vedette allait mettre le feu aux poudres et la police chercherait tout de suite dans l'entourage de Villar. Or, dans l'entourage de Villar, il n'y avait plus que lui, Gomez, et si don Ignacio décidait de ne plus partir? Esteban ne possédait pas l'argent nécessaire pour filer. D'autre part, sa fuite même le dénoncerait. Accoutumé à obéir, il ne parvenait pas à prendre une décision.

— Gomez... Avez-vous réfléchi que je suis la seule qui puisse, le cas échéant, vous fournir un alibi pour la nuit de la mort de Paco?

— Comment cela?

— Qui m'empêcherait de dire — au cas où la police vous serrerait de trop près — que vous étiez avec moi?

— Vous feriez ça?

— Pour sauver ma vie et me venger de don Ignacio, je ferais bien plus.

Maintenant, elle n'avait plus qu'à attendre ce que déciderait l'Andalou. La partie allait se jouer dans les quelques minutes qui suivaient. Pour masquer sa nervosité, elle alluma une nouvelle cigarette. A travers la fumée, elle épiait le visage d'Esteban. Elle devinait sa lutte intérieure. Enfin, il se leva et, venant à elle :

— Comment devrions-nous nous y prendre, à votre avis.

L'atmosphère de son bureau avait eu un effet apaisant sur les nerfs de don Ignacio. Se retrouvant dans le cadre où il commandait, il reprenait son sang-froid et jugeait les événements avec plus d'objectivité. Au fond, rien ne le pressait de quitter

Barcelone sans perdre un instant. Ne serait-il pas plus sage de préparer un voyage d'affaires en Amérique du Sud et de n'en point revenir? Cela ne demanderait que quelques jours et n'éveillerait les soupçons de personne. Débarrassé de Nina (il ferait savoir que, victime d'une dépression nerveuse, elle entendait se reposer pendant un certain temps), il ne resterait plus que Gomez. A lui, il demanderait de se cacher jusqu'à leur départ. Evidemment, il était ennuyeux cet Andalou et ce serait un rude boulet à traîner. Il sourit en pensant que le tueur inconnu le débarrasserait peut-être d'Esteban. Il est vrai que ce meurtrier sans visage pourrait s'en prendre à lui-même d'abord et, à cette idée, un frisson désagréable lui courut le long de l'échine. Il se rassura en se prouvant que, jusqu'alors, l'assassin semblait respecter une sorte de hiérarchie. Pour plus de précautions, il n'irait pas au barrio chino et ne quitterait son bureau que pour regagner sa villa. Et puis, qui sait? La police finirait peut-être bien par arrêter l'auteur de tant de crimes! Dans ce cas, il n'aurait plus aucune raison d'abandonner une ville qu'il aimait et où il avait depuis si longtemps ses habitudes...

Lorsque le soir eut suffisament assombri le ciel, don Ignacio décrocha son téléphone et appela Gomez pour lui dire d'exécuter le travail qu'il lui avait commandé puis de rentrer chez lui et d'attendre ses ordres, leur départ étant remis. Ayant raccroché, Villar s'étonna bien un peu de ce que l'Andalou n'eût pas demandé d'explication ni protesté, mais l'homme était habitué à lui faire confiance. Allons, Esteban serait sans doute moins gênant qu'il ne l'avait cru tout d'abord. Don Ignacio eut bien un petit pincement au cœur en pensant à Nina, mais quoi ! elle avait voulu ce qui lui arrivait et puis il avait toujours tenu la pitié comme une faiblesse dangereuse. Adieu, Nina !...

Miguel passa une journée des plus mornes, coupée, de loin en loin, par les appels réguliers des policiers surveillant les bureaux de Villar et annonçant qu'ils n'avaient rien à signaler. Lluji, pour obéir à son chef, envoya chercher Juanita, afin de lui demander son emploi du temps pendant la nuit où l'on assassinait Puig. La jeune fille affirma être restée chez elle et son affolement à l'idée qu'on pût la soupçonner d'un crime, disait une innocence que l'inspecteur n'avait jamais mise en doute. Il la renvoya en lui assurant que la police était sur le point d'arrêter le meurtrier de Paco Volz.

Lorsque le commissaire Martin vint relever son subordonné, Miguel poussa un soupir de soulagement. Il essaya de connaître les projets de don Alfonso.

— Que veux-tu que j'entreprenne ? Nous n'avons toujours aucune preuve valable contre Ignacio et ses avocats nous l'enlèveraient des mains avant que nous puissions l'accuser officiellement de quoi que ce soit. Il nous faut attendre qu'il commette une erreur. C'est pourquoi nous le suivrons nuit et jour.

— Il finira par s'en apercevoir ?

— Et alors ? Peut-être arriverons-nous à l'exaspérer suffisamment pour le contraindre à un geste qui le condamnera. En tout cas, dès qu'on aura retrouvé Gomez, je ne le lâche pas, celui-là, tant qu'il n'aura pas vidé son sac !

— Sa maison est surveillée?

— Non, je ne tiens pas à éveiller sa méfiance, mais sa logeuse émarge à notre budget. Elle doit nous avertir sitôt que son locataire aura disparu. Elle n'a pas donné signe de vie?

— Non.

— Alors, espérons, rien d'autre à faire. Rentre chez toi et tâche de te reposer, demain c'est toi qui passeras la nuit dans ce bureau.

Vers vingt et une heures, alors qu'il était depuis longtemps seul dans ses bureaux, Villar décida de regagner le *Tibidabo*. Il estimait que maintenant Gomez en avait fini avec Nina. Ayant éteint la lumière, il se dirigeait vers la porte lorsqu'une idée l'arrêta : ne devait-il pas logiquement se rendre au barrio chino pour voir comment le remplaçant de Puig s'en sortait et surtout pour manifester sa mauvaise humeur en constatant l'absence de son étoile? A quoi bon négliger un alibi? Tout en réfléchissant, il revint sur ses pas et, de la fenêtre, il remarqua les deux policiers qui, ne comprenant sans doute pas pourquoi don Ignacio ne sortait pas alors que l'obscurité s'était faite dans ses locaux, s'approchaient de la voiture de Villar. Après un premier mouvement d'irritation, ce dernier sourit : sans s'en douter, le commissaire Martin lui fournissait le meilleur des alibis, contrôlé par ses hommes. Il prit soin d'ouvrir la porte de la rue avec bruit pour donner aux autres le temps de se dissimuler, et monta lentement dans sa voiture. Il soupira d'aise en constatant dans son rétroviseur qu'une voiture se lançait sur ses traces.

A vingt-deux heures quinze, doña Mercedès appela son mari pour lui annoncer qu'elle venait de recevoir un coup de téléphone d'une jeune femme demandant à parler au commissaire. Elle n'avait pas voulu dire son nom mais, en apprenant qu'il se trouvait à son bureau, elle avait annoncé qu'elle s'y rendait immédiatement. En riant, doña Mercedès menaça son mari des pires représailles si jamais elle finissait par savoir qu'il donnait des rendez-vous nocturnes à de trop belles amies à la Jefatura Superior de Policia. Doña Mercedès ne prenait jamais rien au sérieux, mais don Alfonso était trop intrigué pour goûter les plaisanteries de sa femme.

Peu de temps après, un planton se présenta pour annoncer au commissaire que la señorita Nina de las Nieves désirait le voir. Martin sursauta. La maîtresse de Villar! Etait-elle envoyée par don Ignacio pour tâter le terrain, mais pourquoi à une heure si tardive alors qu'elle aurait dû se trouver à *Los Angeles y los Demonios?* Il se persuada que la chanteuse lui rendait visite pour son propre compte et qu'elle était peut-être tout simplement en train d'abandonner — en prenant ses précautions — un vaisseau qui commençait à faire eau. Don Alfonso fut sur le point de téléphoner à Miguel mais, à la réflexion, il jugea qu'il aurait le temps de le faire si Nina confirmait ses espérances. Ce fut d'une voix joyeuse qu'il donna l'ordre d'introduire la visiteuse.

Au cabaret, Villar tint son rôle d'une manière parfaite et tous les employés le regardèrent avec angoisse piquer une colère effrayante quand il constata que Nina de las Nieves n'était pas dans sa loge. Il fit téléphoner au *Tibidabo,* d'où personne ne répondit. On appela le *Colon.* Rien, Nina demeurait introuvable. Une annonce au public souleva des protestations générales et don Ignacio offrit de rembourser les mécontents. Finalement, la direction et les clients s'étaient mis d'accord pour organiser une sorte de crochet dont les prix seraient payés par le cabaret, si bien que tout le monde se déclara satisfait et que la soirée fut des plus animées. Content de lui, Villar se disposa à regagner le *Tibidabo,* mais lorsqu'il fut installé au volant de sa voiture, l'euphorie dans laquelle il baignait le poussa à se moquer de ses suiveurs. Lorsqu'on trouverait le cadavre de Nina, le médecin légiste fixerait l'heure de sa mort à un moment où Villar était sous la surveillance de la police. D'autre part, au cas où le praticien s'affirmerait incapable de préciser l'instant du décès de la chanteuse, il ne ferait de doute pour personne qu'elle était morte bien avant que don Ignacio ne quittât *Los Angeles y los Demonios* et comme les inspecteurs de Martin le guettaient depuis beaucoup plus longtemps, il jouait sur le velours.

Villar attendit d'être sorti de la ville pour abandonner la montée vers le *Tibidabo* et filer sur Pedralbès, Esplugas, et rejoindre la route de Tarragone. Appuyant peu à peu sur l'accélérateur, il n'eut pas beaucoup de mal à semer ses poursuivants dont l'auto déjà fatiguée par un long service ne pouvait rivaliser avec la grosse voiture américaine de don Ignacio. A Villenueva, il tourna brusquement à gauche sur Villafranca del Panadès, d'où il se mit en devoir de rejoindre le *Tibidabo*, à petite allure, heureux comme un gosse d'avoir joué un bon tour aux séides du commissaire Martin.

Don Alfonso avait écouté Nina de las Nieves sans l'interrompre une seule fois. Quand la jeune femme eut terminé le récit de ses aventures de la journée et souligné qu'elle avait rendez-vous avec Esteban Gomez à la gare de France pour monter dans le train de Saragosse à deux heures, le commissaire prit le temps d'allumer un cigare. Une telle joie grondait en lui qu'il voulait mettre un peu d'ordre dans ses idées avant de prendre une décision dont seules les modalités restaient à fixer.

— Donc, señorita, vous affirmez qu'Ignacio Villar fut l'instigateur du meurtre commis sur la personne de Paco Volz?

— Oui, señor Commissaire.

— En témoignerez-vous sous serment devant la Cour?

— Oui, senor Commissaire.

— Par contre, vous déclarez ne pas connaître l'identité de celui qui a tué Ribera, Miralès et Puig?

— Non, señor Commissaire, mais Gomez, lui, le sait sûrement.

— Croyez-vous qu'il me le dira?

— Oui, si vous lui révélez que c'est Villar lui-même qui l'a dénoncé et même, pour rendre la chose plus vraisemblable, je crois qu'il serait bon que vous m'arrêtiez en même temps que lui, à la gare.

— Vous n'êtes pas sotte, señorita, et c'est effectivement ce que je vais faire. Señorita, je vous remercie, je pense que grâce à vous nous allons enfin mettre un terme à l'activité de don Ignacio. Maintenant, puis-je vous demander les raisons de votre attitude?

— Je ne comprends pas?

— Pourquoi êtes-vous venue me livrer Villar et Gomez?

— D'abord parce que j'ai peur. Villar avait donné l'ordre à Gomez de me faire disparaître et j'ai eu beaucoup de mal à convaincre l'Andalou qu'il commettrait une sottise en obéissant à un homme qui, vraisemblablement, le trahissait.

— D'accord, c'est un motif suffisant. Mais, vous avez dit : d'abord... Cela suppose qu'il y a un « ensuite », quel est-il?

— Paco.

— Je vois. Vous aimiez ce garçon?

— Oui.

— Et lui?

— Lui aussi.

A ce moment, un agent vint remettre un papier au commissaire où l'on signalait que la logeuse de Gomez annonçait le retour de son locataire. C'était la preuve que Nina n'avait pas menti. Le planton sorti, don Alfonso remarqua :

— Je n'ai pas connu ce Paco Volz, mais, à première vue il me semble qu'entre lui et vous, señorita, il y avait une différence comment dirai-je... enfin, sociale, qui...

— Ecoutez-moi, señor Commissaire. Je ne suis pas le personnage que s'imaginent ceux qui lisent mon nom sur les affiches. J'ai horreur de l'existence que Villar m'obligeait à mener, mais je n'avais pas le courage d'en changer parce que je redoutais de retourner dans mon pays en avouant un échec. Or, sans Villar, je n'avais plus aucune chance de percer dans une profession encombrée et où le talent — en admettant que j'en aie — ne suffit pas. C'est alors que j'ai rencontré Paco. Lui aussi souffrait de son sort. C'était un garçon propre qui rêvait d'autre chose. Nous avons sympathisé dans notre dégoût commun de ce que nous étions contraints de faire. Nous nous sommes vus en cachette, puis nous nous sommes aimés et un jour nous avons décidé que nous quitterions Barcelone pour regagner l'Estrémadure où à défaut de la célébrité, je ramènerais un mari.

— Et qu'auriez-vous fait là-bas, tous les deux?

— Nous nous serions bien débrouillés pour gagner notre vie et j'ai suffisamment d'argent pour voir venir ou acheter un petit commerce.

— Et... cela ne gênait pas ce Paco de vivre à vos crochets, pendant un certain temps, tout au moins?

— Pourquoi est-ce que cela l'aurait gêné, señor Commissaire, puisque nous nous aimions?

— Oui... Est-ce que vous saviez, señorita, que Paco Volz travaillait pour nous?

— Je l'ai su après sa mort.

Brusquement, la sonnerie du téléphone retentit. Don Alfonso décrocha. C'étaient les policiers chargés de filer Villar qui apprenaient à leur chef que don Ignacio leur avait échappé. Le commissaire étouffa un juron, puis commanda aux inspecteurs de gagner la gare de France et de l'y attendre.

— Mauvaise nouvelle, señorita, Villar a semé mes hommes. Je me demande bien pourquoi il avait besoin d'être libre de ses mouvements?

— Si jamais il me trouve, je suis perdue.

— Rassurez-vous, il ne vous trouvera pas, ou alors il me trouvera du même coup, car vous resterez avec moi jusqu'à ce que nous en ayons terminé avec cette affaire. De plus, je ne vois pas pourquoi il vous chercherait, puisqu'il vous croit morte à l'heure qu'il est.

En quelques instants, Martin mit en place le dispositif qui devait lui permettre — du moins, il l'espérait — de remporter enfin cette victoire à laquelle il n'osait plus croire jusqu'à l'arrivée de Nina de las Nieves. Deux inspecteurs furent expédiés au *Tibidabo* avec mission de surveiller la villa de don Ignacio et de téléphoner toutes les demi-heures. Deux autres reçurent l'ordre de prendre en chasse Esteban Gomez sitôt qu'il sortirait de chez lui et de le suivre jusqu'à la gare où les policiers ne devraient se montrer qu'au moment où ils verraient le commissaire Martin lui-même appréhender l'Andalou. Pour terminer, don Alfonso fit brancher la table d'écoute sur la ligne téléphonique de Villar, au *Tibidabo,* avec consigne de faire porter immédiatement dans son bureau le texte de toutes les communications.

— Et maintenant, señorita, il va être minuit, plus que deux heures à attendre. Nous partirons dans une heure pour nous installer dans la gare. On vous remettra deux ou trois valises, au milieu desquelles, le moment venu, Gomez devra vous voir. Vous nous servirez d'appât.

Malgré les supplications de sa femme, Miguel n'avait pas voulu se coucher. Il se déclarait incapable de trouver le sommeil. Comme un veneur lancé à la poursuite du cerf devine le moment où ce dernier est sur ses fins, Lluji sentait que l'hallali d'Ignacio Villar allait bientôt sonner et qu'il risquait d'en être absent. Il ne comprenait pas la conduite de don Alfonso, ni sa méfiance à son égard. Concha avait beau lui ressasser que le commissaire tenait simplement à le protéger de lui-même, Miguel ne voulait rien entendre. La déception le rendait injuste, l'incompréhension, haineux.

— Tout ça, ce sont des mots! Don Alfonso sait très bien que je ne suis pas fou et que je n'irais pas commettre une erreur alors que nous sommes sur le point d'aboutir. Pourquoi m'a-t-il promis que, le moment venu, ce serait moi qui arrêterais Villar?

— Peut-être tiendra-t-il sa promesse?

— Allons donc! Il veut m'écarter pour s'attribuer toute la gloire si...

Le téléphone lui coupa la parole. Maussade, il dit:

— Lluji à l'appareil.

Concha qui l'observait vit le visage de son mari se transformer au fur et à mesure que son invisible interlocuteur parlait. Le Miguel qui reposa l'appareil ne ressemblait plus à celui qui, quelques minutes plus tôt, tenait des propos amers.

— C'était don Alfonso, n'est-ce pas?

Il leva vers elle des yeux de rêveur mal éveillé. De nouveau, il s'inquiéta:

— Qu'as-tu, Miguel? Qu'est-ce qui se passe?

Alors, il vint à elle et, prenant les mains dans les siennes, il cria presque, pareil à un homme délivré:

— Ça y est, Conchita mia! Ça y est!

— Qu'est-ce qui y est?

— La maîtresse de Villar a parlé. Elle a rendez-vous à deux heures avec Gomez à la gare de France, pour filer. On va sauter sur l'Andalou et je te jure qu'on lui fera raconter ce qu'il sait sur Villar... Martin me demande de le rejoindre à la gare. Dis donc, Concha, je vais finir par croire que tu avais raison et que don Alfonso tiendra sa parole !

— Tu doutes toujours de tout ! Ah ! que la Vierge veuille que vous en finissiez rapidement avec cette histoire pour que tu puisses recommencer à vivre comme un homme normal !

— Je te promets, *querida mia,* que lorsque Villar sera sous les verrous, nous repartirons en voyage de noces !

— Attention à ce que tu dis, Miguel Lluji, car, moi non plus, je n'oublie pas les promesses qu'on me fait !

Ils s'embrassèrent en riant : ils étaient heureux. Au moment où Miguel sortait, sa femme le retint par le bras.

— Et si Gomez ne venait pas?

— Alors, on ira le chercher à domicile. Des collègues l'attendent à sa porte pour l'escorter discrètement jusqu'à la gare.

— Promets-moi que tu me téléphoneras dès que vous en aurez terminé avec cet individu?

— C'est juré ! Laisse-moi partir maintenant, je ne veux pas être en retard...

— Mais il n'est pas minuit un quart !

— Oui, mais don Alfonso tient à ce que nous soyons en place à une heure, pour établir la plus jolie souricière où la chance de don Ignacio va finir...

Quelque part dans la nuit, le coup de la première heure du jour qui commençait, tomba sur la ville endormie. Esteban avait mis dans sa valise tout ce qu'il pouvait emporter. Une nouvelle existence commençait pour lui. Il était content à l'idée de revoir l'Andalousie. Il ne se plaisait pas à Barcelone ni avec les Catalans, si différents de lui. Il les trouvait trop rusés et sans foi. Lorsque Villar lui téléphona que leur départ était ajourné, il comprit que Nina avait vu juste. Don Ignacio cherchait à le rouler. La seule chose qui le préoccupait était de quitter la ville sans régler son compte au traître, mais il comptait bien qu'un jour le hasard le remettrait sur son chemin et ce jour-là... Elle était jolie cette Nina. Il s'étonnait de ne pas s'en être aperçu plus tôt. Peut-être ferait-elle une bonne compagne sur qui il pourrait s'appuyer pour repartir sur une autre route? De la calle Espaderia où il habitait, jusqu'à la estacion de Francia, il n'en avait que pour quelques minutes et la sagesse lui commandait de rester à l'abri le plus longtemps possible, mais il voulait se rendre à l'église voisine de Santa Maria del Mar pour prier la Mère du Sauveur de l'avoir en sa sainte garde. Il ne lui venait pas à l'esprit que Marie pouvait ne pas s'intéresser à un criminel de sa sorte. Avant de sortir définitivement de sa chambre, il jeta un dernier coup d'œil circulaire. Bientôt, il occuperait une pièce claire que le beau soleil d'Andalousie illuminerait le jour et qu'éclabousserait de sa luminosité le ciel nocturne de Séville. Il poussa une exclamation en s'apercevant qu'il avait failli oublier d'emporter l'image de la Macarena. Avec des gestes tendres, il décrocha le portrait sur lequel il rabattit les deux petites grilles de fer forgé et le glissa dans son bagage, entre deux chemises.

Les deux policiers se rencoignèrent plus étroitement lorsqu'ils aperçurent la silhouette d'Esteban Gomez sur le seuil de la maison. Ils virent l'Andalou tendre le cou et inspecter la rue déserte avant de se décider à sortir de son abri. Ils le laissèrent prendre une certaine avance, tout en s'étonnant qu'il tournât le dos à la direction qu'il était supposé devoir emprunter, celle de la estacion de Francia. Rasant les murs, ils tentaient de se confondre le plus possible avec les maisons qu'ils longeaient. Les yeux fixés sur leur gibier, ils ne prirent pas garde que sitôt qu'ils étaient sortis de leur cachette, quelqu'un d'autre avait émergé de l'ombre derrière eux et les suivait. En débouchant sur la plazza Santa Maria les inspecteurs s'arrêtèrent, se contentant de surveiller de loin Gomez qui, portant sa valise, se dirigeait vers l'église. Ils le virent ôter son chapeau comme pour saluer les statues de saint Pierre et de saint Paul qui, sous leurs dais, semblaient l'accueillir, et pénétrer dans le lieu saint. Un peu désorientés, les policiers s'interrogèrent sur ce qu'ils devaient faire, tant cette visite à pareille heure les surprenait. Estimant qu'entrer à leur tour dans l'église vraisemblablement déserte attirerait l'attention de l'Andalou sur eux, ils se contentèrent de se rapprocher et, se camouflant du mieux qu'ils le pouvaient dans les encoignures du porche, ils attendirent qu'Esteban ayant terminé ses dévotions voulût bien se montrer. Ni l'un ni l'autre ne se soucièrent d'un attardé qui, traversant la place, s'enfonça sur le côté de Santa Maria del Mar, en direction de la calle de Platerias

Gomez aimait cette église, dont la majesté l'emplissait d'une sensation de protection absolue. Parmi les piliers octogonaux soutenant les trois nefs, il avait l'impression de se trouver dans un royaume hors du monde où il devenait un autre homme. Plus rien ne subsistait en lui du truand prêt à tout pour quelques milliers de pesetas. Il redevenait le gamin qui suivait les processions des confréries dans les nuits enfiévrées de la Semaine Sainte, à Séville. En se glissant sous les hautes et étroites arcades ouvrant sur les chapelles des bas-côtés, Gomez goûtait un sentiment de réconfort. Il était chez lui. Il gagna la chapelle du milieu où, au-dessus de l'autel, la Vierge souriait, éclairée par la flamme tremblotante des cierges. Esteban s'agenouilla sur le premier degré de l'autel. Un silence pesant régnait sur cette immensité sonore. Le moindre craquement y prenait des proportions terrifiantes, mais l'Andalou n'éprouvait aucune crainte. Rien ne pouvait lui arriver, puisqu'il se trouvait sous la protection de la Mère. Il priait depuis un long moment déjà avec une ferveur qui n'avait rien d'hypocrite. Dans l'univers qu'il s'était bâti, Esteban Gomez avait, une fois pour toutes, séparé ses activités et ses croyances. Ce n'était pas le meurtrier qui suppliait la Virgen de lui faire quitter Barcelone sans encombre, mais le croyant, persuadé que lorsque viendrait l'heure de la mort, il laisserait en ce monde-ci sa dépouille de malfaiteur pour se présenter devant le Souverain Juge dans son innocence d'autrefois. Il savait qu'alors, la Sainte Vierge serait à la droite du Seigneur pour venir au secours du petit Andalou qui s'était si vilainement conduit parmi les hommes et Elle dirait à son divin Fils que c'était sans doute parce qu'Esteban — son petit Esteban — n'avait pas eu de chance.

La prière coulait entre ses lèvres entrouvertes comme une eau bienfaisante, mais bien qu'elle fût assoupie, la bête cruelle, toujours traquée qui était en lui, veillait. Ce fut elle qui surprit l'écho ténu d'un glissement précautiònneux. A travers le ronronnement apaisant de l'oraison, le signal d'alerte joua. Attentif, Esteban écouta. Il lui sembla percevoir le rythme accéléré d'une respiration. Plus encore que ses sens, c'était son instinct qui jouait. Son premier mouvement fut de sortir du cercle de lumière où il se trouvait. Il glissa hors de la chapelle et plongea dans l'obscurité, épiant le moindre bruit. Tendu, prêt à sauter, Gomez sortit son couteau dont il retint la lame pour étouffer le déclic du ressort la faisant jaillir. Il laissa ses yeux s'habituer à l'obscurité et, fixant le côté d'où il lui avait paru, que le bruit entendu provenait, il lui sembla distinguer la tache pâle d'un visage. Lentement, précautionneusement, pareil à un fauve s'approchant de sa proie, il se mit en marche. Tous les deux pas, il s'arrêtait pour écouter. Bientôt, il réussit à entendre une respiration. Maintenant, il était certain de ne s'être pas trompé. Sa main se crispa sur le manche du couteau. Lorsqu'il fut arrivé à la hauteur du pilier où il pensait que se dissimulait celui qui le guettait, il s'immobilisa, attendant que l'autre signalât sa présence. Les minutes coulèrent, longues, mais Esteban était doué d'une patience infinie. Peu à peu il vit une silhouette se détacher de l'ombre qui l'abritait. Alors, il bondit. Contraire-

ment à son attente, il ne rencontra aucune résistance
et l'homme qu'il avait empoigné aux épaules
s'amollit sous son étreinte. Il en fut un moment
décontenancé et hésita à frapper. Il pencha son
visage vers la figure de son adversaire.

— C'est moi que tu cherches? Pourquoi?

Alors, il entendit qu'on chuchotait doucement :

— Vous souvenez-vous de Paco, señor?

Le tueur! Galvanisé par sa découverte, Gomez
abandonna l'homme pour lever le bras et lui planter
son couteau dans les reins, mais au même instant
il sentit la lame de l'autre qui s'enfonçait brutalement dans son ventre. Il marqua un temps d'arrêt,
ce qui permit à l'assassin de le frapper à nouveau
et Esteban sut qu'il ne reverrait jamais l'Andalousie. Il lâcha son arme qui, en tombant, fit naître
une multitude d'échos. Immobile, il ne se rendait pas
compte qu'il souffrait. Sa tête en feu essayait de
comprendre. Dans l'église!... Il allait mourir dans
l'église! Oubliant qu'il voulait tuer, il restait
paralysé devant ce qu'il considérait comme une
monstrueuse injustice. Le bruit des espadrilles de
son meurtrier s'estompait, remontant vers le
chœur et vers la porte qui donnait sur le marché
aux fruits et aux poissons. Mais Gomez ne pensait
déjà plus à celui qui venait de le toucher à mort.
La douleur montant de son ventre l'engourdissait.
Instinctivement, il porta les mains à ses plaies et
crut défaillir en sentant la tiédeur du sang sur ses
doigts. Il balbutia :

— Santa Madre de Dios...

Il pleurait sans même s'en rendre compte. Quelque chose avait cassé dans sa foi et, bien plus que

la mort inévitable, c'était cela qui l'affolait. Comment une chose pareille avait-elle pu lui arriver alors qu'il se trouvait sous la protection de la Vierge? S'était-il trompé? Retenant entre ses dents serrées, le cri qui montait du fond de son être, il retourna lourdement vers l'autel qu'il avait quitté pour aller vers son destin. Un peu avant d'arriver à son but, il tomba sur les genoux, mais se redressa. Il s'abattit sur les degrés recouverts d'un tapis rouge et son sang y dessina de larges taches. L'Andalou leva les yeux vers la Vierge qui lui souriait tendrement.

— Mama...

Une fois encore, il se remit debout, monta jusqu'à l'autel où il s'agrippa. Empoignant le lourd chandelier qui était à sa gauche, il le leva très haut, le plus haut possible pour mieux voir le beau sourire plein de promesses. Il voulut se signer et pour ce faire, lâcher sa prise. La mort le cueillit à ce moment-là. Il roula au bas des marches et le chandelier rebondit sur le sol cimenté, déclenchant un vacarme qui fit se précipiter les deux policiers aux aguets.

Debout, près du guichet où se délivraient les billets des grandes lignes, ses valises à ses pieds, Nina avait vraiment l'air de la voyageuse qui attend un retardataire. Deux policiers déguisés en porteurs tenaient une conversation à quelques pas de là tandis que le commissaire Martin, par la porte entrebâillée d'un bureau interdit au public, guettait le moment d'intervenir. De son côté, Lluji, coiffé d'une casquette d'employé de la R. E. N. F. E. et portant un drapeau rouge sous le bras, semblait absorbé dans la lecture de papiers que lui montrait un mécanicien descendu de sa machine mais, en réalité, Miguel surveillait l'entrée de Gomez et devait agiter son drapeau en tournant le dos à l'Andalou sitôt que ce dernier se montrerait. Alors, Esteban ayant rejoint Nina, les porteurs viendraient offrir leurs services, la jeune femme les accepterait et les deux policiers empoigneraient Gomez avant même qu'il se soit rendu compte de ce qui lui arrivait. L'Andalou ne pouvait pratiquement pas échapper au sort qui l'attendait et les choses devaient se passer avec le maximum de discrétion.

A une heure quarante, don Alfonso, jurant de dépit, vit entrer dans le hall un des deux inspecteurs chargés de filer Esteban Gomez. D'abord, le commissaire pensa que son subordonné avait simplement perdu la trace de l'Andalou mais très vite, à la manière dont le policier se conduisait, ne prenant aucun souci de se dissimuler et cherchant ouvertement quelqu'un, Martin comprit que tout était raté et que le piège mis en place ne servirait à rien. Il entrouvrit un peu plus la porte qui le cachait et appela le policier qui, après avoir hésité quelques secondes sur la direction, se précipita vers son chef.

— Señor Commissaire, inutile d'attendre plus longtemps, Gomez ne viendra pas, il est mort !

Don Alfonso se raidit. Une fois de plus, la police était jouée.

— Mort, comment ?

— Assassiné, deux coups de couteau dans le ventre.

— Chez lui ?

L'inspecteur parut terriblement gêné.

— Hélas! non, señor Commissaire... Dans l'église de Santa Maria del Mar.

— Dans?... Vous vous rendez compte du scandale? Un meurtre dans une église! Les cérémonies de purification que cela entraîne? Je ne sais même pas si l'évêque ne sera pas dans l'obligation de la consacrer de nouveau et de la fermer au culte en attendant! Comme publicité pour nos services on ne pouvait vraiment demander mieux! Je vous félicite!

— Señor Commissaire, Pedro et moi on n'y pouvait rien.

— C'est à moi d'en juger, je vous écoute!

Alors, le malheureux policier raconta la suite des événements et pourquoi au lieu de venir à la gare son collègue s'était rendu au presbytère, tandis que lui-même prévenait les services de la Brigada de Investigacion Criminal intéressés, car il était nécessaire d'emporter le corps au plus tôt.

— Et, pas trace du tueur?

— Non, señor Commissaire.

— Aucun indice?

— Nous avons juste trouvé un couteau mais comme sa lame était intacte, nous avons pensé que c'était celui de la victime.

— Puissamment raisonné. En tout cas, cela prouve que notre homme n'a pas été pris au dépourvu ou du moins qu'il a eu une velléité de se défendre.

— A tout hasard, j'ai envoyé l'arme au service des empreintes.

— Vraisemblablement inutile. Rien d'autre?

— Si, ce bulletin de consigne.

Et l'inspecteur tendit un papier à don Alfonso qui le prit et l'examina.

— Un bulletin de la estacion del Norte? Curieux... Pourquoi Gomez aurait-il déposé un colis à cette gare alors qu'il devait partir par celle où nous sommes?

— Peut-être, señor Commissaire, ce bulletin appartient-il à l'assassin? S'ils se sont bagarrés, il a pu le perdre?

— A vérifier. Filez à la estacion del Norte et ramenez ce qu'on vous livrera en échange de ce bulletin à mon bureau.

Dans le bureau du commissaire Martin, on faisait triste mine. On s'était cru si près de la victoire définitive qu'on n'en ressentait que plus amèrement l'échec. Lluji ne pensait pas au scandale qu'allait déclencher le meurtre dans l'église. Ivre de rage, il songeait qu'avec la disparition de Gomez, un témoin à charge contre Villar leur échappait. Ne parviendrait-on jamais à coincer don Ignacio?

Le planton apporta une communication des policiers surveillant la villa du *Tibidabo;* ils signalaient que Villar était rentré chez lui depuis une demi-heure et qu'installé dans son bureau, il fumait un cigare en lisant des journaux. Don Alfonso donna un coup de poing sur la table :

— Une demi-heure? Il a donc eu le temps d'assassiner Gomez et de regagner son domicile. Cela concorde parfaitement. Tant pis! Je prends mes responsabilités, il arrivera ce qui arrivera, mais on saute Villar! Et du diable si je ne le fais pas parler!

Nina, que la mort de l'Andalou avait quelque peu abattue, sembla retrouver goût à l'existence.

— Ce serait donc lui le meurtrier qu'on cherche depuis si longtemps, señor Commissaire? Je m'en étais toujours douté et Gomez ne voulait pas me croire!

Un peu inquiet, Lluji demanda :

— Vous m'emmenez, chef?

Martin sourit.

— Je n'oublie pas ma promesse, Miguel, c'est toi qui l'embarqueras.

On aurait annoncé à Lluji sa promotion au grade de commissaire qu'il en aurait été moins heureux.

Pendant que Martin donnait ses ordres, Lluji se rappela l'engagement pris à l'égard de sa femme et il lui téléphona pour lui annoncer qu'il ne rentrerait sans doute pas de la nuit, car il montait au *Tibidabo* arrêter son vieil adversaire. Concha, inquiète, ne se tranquillisa qu'en ayant reçu l'assurance que don Alfonso accompagnait son mari et que ce dernier s'engageait à ne rien faire qui ne lui eût été commandé. Avant de raccrocher, elle déclara qu'elle allait attendre son époux, car elle se sentait incapable de dormir tant elle espérait que la fin de leurs misères était proche. Lluji le lui jura en lui conseillant de commencer à préparer leurs valises pour leur second voyage de noces.

Lorsque le commissaire eut rassemblé son équipe, il se tourna vers Nina :

— Je crois que c'en est terminé pour vous, señorita. Gomez est à la morgue, Villar est chez lui où nous allons le cueillir. Dans ces conditions, je pense que vous n'avez plus à redouter qui que ce soit et vous pouvez vous reposer en toute quiétude. Où pourrais-je vous atteindre si j'ai besoin de vous, demain?

— Au *Colon*.

— Parfait. Voulez-vous qu'un de mes hommes vous accompagne?

— C'est inutile, commissaire, je vous remercie. Je trouverai bien un taxi.

— On va vous en appeler un. Bonne nuit, señorita, et merci.

CHAPITRE XII

Lorsqu'elle se fut changée, elle ressortit discrètement et dans la première boîte aux lettres rencontrée, elle jeta la lettre destinée à don Jacinto, le sacristain de Nuestra Señora de los Reyes. Elle sourit d'aise à la tête du brave homme en découvrant un billet de cent pesetas destiné à être changé contre des cierges qui brûleraient en l'honneur de la Purisima. En guise d'explication, elle avait écrit : « Pour une grâce reçue. » Elle ne pouvait décemment mettre que ce qu'elle considérait comme une grâce était la mort d'Esteban Gomez un des assassins de Paco. Elle marchait, légère, ayant envie de danser. Si la chance était avec elle, si tout marchait comme elle le souhaitait, l'aube verrait mourir les derniers de ceux qui, en tuant Paco, avaient brisé sa propre vie.

Rentrée dans sa chambre après cette courte pro-

*menade nocturne, elle téléphona, puis, s'installant
dans un fauteuil, elle se mit à rêver à Paco parce
que, maintenant, dans la vie, elle n'aurait plus rien
d'autre à faire que rêver à Paco.*

Ils arrêtèrent leurs voitures assez loin de la villa
de don Ignacio ne tenant pas à lui donner l'éveil.
Martin et Lluji, suivis de deux autres inspecteurs,
avancèrent en prenant soin de faire le moins de bruit
possible. Un peu avant d'atteindre le portail, les
silhouettes des policiers qui surveillaient les entrées
et sorties de visiteurs éventuels, sortirent de
l'ombre. A voix basse don Alfonso commanda de
pénétrer dans le parc en sautant le mur de clôture.
Ce n'était peut-être pas très régulier, mais le
commissaire en avait assez d'être le seul, dans cette
histoire, à respecter les règles et puis, il tenait à
l'effet de surprise. Martin eut beaucoup de mal
à escalader le mur et ils durent se mettre à deux
pour le pousser tandis qu'un inspecteur à cheval
sur le faîte le hissait jusqu'à lui. Il fallut quelques minutes à don Alfonso pour retrouver son
souffle, et quand il eut réussi à apaiser son vieux
cœur qui battait la chamade, ils repartirent vers
la villa.

Dissimulés derrière les arbres du parc, les policiers
voyaient parfaitement Villar assis dans un fauteuil,
un verre d'alcool à portée de la main et fumant
tranquillement son cigare. Martin pensa que d'ici
peu cette quiétude allait voler en éclats et il en
éprouva un certain plaisir. A côté de lui, il devinait
Lluji tremblant d'impatience. Le commissaire
envoya deux de ses hommes surveiller les arrières

de la maison avec mission d'arrêter quiconque essaierait de fuir par-là, les deux autres restèrent en place devant la façade et tous reçurent l'ordre de ne pas bouger de leurs positions tant que leur chef n'aurait pas sifflé et cela même s'ils entendaient des coups de feu qui pourraient s'avérer des pièges pour leur faire quitter les issues qu'ils devaient garder. Les inspecteurs se fondirent dans la nuit, laissant seuls Lluji et Martin. Le commissaire posa sa main sur l'épaule de son ami :

— Ça va être à toi de jouer, Miguel. Si tu sais t'y prendre, nous allons embarquer l'assassin de Paco, de Ribera, de Miralès, de Puig et de Gomez... Peut-être aussi l'assassin de ton père... L'heure que tu attendais depuis si longtemps est venue. Dès que tu lui auras mis la main au collet, je sifflerai et nous entrerons tous. Je te laisserai suffisamment de temps pour que tu aies le loisir de lui coller les quelques gifles qu'il mérite mais pas plus, hein, Miguel ? Sois raisonnable ! D'ailleurs, comme deux précautions valent mieux qu'une, donne-moi ton revolver.

— D'accord, chef, mes poings suffiront !

Et Lluji tendit son arme à Martin qui la glissa dans la poche de sa veste.

— Alors, tu as bien compris ? Tu entres sans qu'il t'entende venir et tu profites du désarroi où le plongera ton apparition pour lui dire que nous avons Gomez qui l'accuse des meurtres que tu connais. Il est possible qu'il craque d'un coup. En tout cas, ne le laisse pas toucher au téléphone !

— Comptez sur moi !

— Alors, vas-y, Miguel, et bonne chance !

Martin suivit des yeux la silhouette de son adjoint jusqu'à ce qu'elle ait disparu dans l'obscurité, puis il reporta son regard sur Villar toujours assis. Tout cela était irrégulier en diable évidemment et le commissaire savait qu'il risquait gros, mais quoi! il y a des comptes qu'on ne peut pas toujours régler conformément à la loi. Lluji devait être tout près de la maison lorsqu'on entendit résonner la sonnerie du téléphone et don Alfonso vit Villar prendre l'appareil, écouter, le reposer vivement, se précipiter vers son bureau, en ouvrir le tiroir pour y plonger la main et en sortir un revolver dont il ôta le cran de sûreté, puis fixer la porte. Martin comprit que don Alfonso était averti et que sans le savoir, lui, don Alfonso avait peut-être envoyé son adjoint à la mort. Il se rua en avant sans plus se soucier qu'on l'entendît ou non, mais au moment où haletant il escaladait le perron, deux coups de feu claquèrent. Il s'arrêta pile et sortit son revolver. Il pénétra dans la maison et, d'un coup de pied, ouvrit la porte du bureau.

— Pose ton arme, Villar !

— Mais...

— Pose ton arme ou je tire !

Dompté, don Ignacio lâcha son revolver tout en déclarant d'une voix chevrotante :

— J'étais en état de légitime défense, commissaire !

Entre eux, le corps de Miguel était allongé. Martin s'agenouilla. Il chuchota :

— Miguel... Miguel, mon vieux...

Lluji ouvrit les paupières.

245

— J'ai mon compte, don Alfonso... Il ne m'a pas raté...

Martin avait trop de chagrin pour songer à mentir inutilement. Les larmes ruisselaient sur son visage tandis qu'il murmurait :

— Pardonne-moi, Miguel... Je ne pouvais pas me douter...

Lluji eut un faible sourire.

— Ça... ça ne fait... rien... Ma mort entraînera la... la sienne. Il... il ne... ne pourra pas... y... y échapper... dites... co...commissaire.

— Je te le jure !

— Alors... tout... tout est bien...

Miguel referma les yeux, soupira :

— Concha... po... pobre... cita...

C'était fini. L'inspecteur Miguel Lluji était tombé dans l'exercice de ses fonctions. Lentement, Martin se releva. D'une voix impersonnelle, il déclara :

— Ignacio Villar, je vous arrête pour meurtre sur la personne de l'inspecteur Lluji.

— Vous n'avez pas le droit ! J'étais en état de légitime défense ! Il venait pour me tuer !

— Avec quoi ? Il n'avait pas d'arme !

— Je ne pouvais pas le deviner ! Il est rentré chez moi par effraction, en pleine nuit, n'importe quel avocat me tirera de là !

Don Alfonso savait que c'était vrai et il savait aussi qu'en dépit du témoignage de Nina — Gomez mort — Villar pouvait s'en sortir, car ce serait sa parole contre celle de la jeune femme. Et Miguel ne serait pas plus vengé que ne l'avait été son père, que ne le serait Paco. Ce n'était pas possible...

— Villar, tu te souviens d'Enrico Lluji, le pauvre

flic que tu as tué pour le compte de Gregorio, autrefois? Tu te souviens de Paco Volz que tu as fait assassiner par Gomez? Tu te souviens qu'il y avait un inspecteur du nom de Miguel Lluji qui ne voulait pas que ces crimes demeurassent impunis, un inspecteur que tu viens de tuer à son tour?

Don Ignacio recommençait à avoir peur. Il balbutia :

— Vous êtes fou, commissaire! Qu'est-ce que c'est que ces histoires? Pour votre Lluji, je ne dis pas, mais...

— Ramasse ton revolver!

— Hein?

— Ramasse ton revolver!

Villar ne comprenait plus rien à rien, néanmoins, il obéit, et lorsqu'il eut de nouveau son arme en main, Martin ordonna :

— Tire!

— Qu'est-ce que vous dites?

— Tire!

— Mais, Bon Dieu! sur quoi voulez-vous que je tire?

— Là... sur le mur, à cette hauteur et tâche de bien viser!

— Enfin, pourquoi voulez-vous que?...

— Je t'expliquerai!

— Et si je refuse?

— Alors, moi, je tirerai et je ne te manquerai pas!

Don Ignacio comprit que le policier ferait comme il l'avait dit et il tira en visant soigneusement.

— Bravo, Villar, juste à la hauteur de ma tête!

— Mais, pourquoi?...

— Pour me fournir un alibi !

Et, à son tour, le commissaire tira. Touché en plein front, don Ignacio ouvrit des yeux stupéfaits et, d'un seul coup, bascula en avant. Martin retourna s'agenouiller près du corps de Miguel.

— Ça y est, petit... Tu peux dormir tranquille maintenant.

Le commissaire Martin venait d'assassiner froidement un homme, mais il ne parvenait pas à en éprouver le moindre remords. Il ne pensait pas non plus que, plus tard, quand il comparaîtrait devant lui, Dieu lui en tiendrait rigueur.

L'aube commençait à blanchir le ciel au-dessus de la mer. Aucun des inspecteurs n'osait entrer dans le bureau du commissaire Martin que l'on croyait en train de rédiger son rapport. Mais, à la vérité, don Alfonso n'avait pas encore écrit une ligne pas plus qu'il n'avait appelé Mercedès pour lui apprendre la mort de leur ami. Bouleversé par le chagrin, il revivait par la pensée tous les bons et mauvais moments passés avec Lluji et, surtout, il songeait avec angoisse qu'il lui incombait de se rendre calle de Rosellon pour annoncer à doña Concha qu'elle était veuve. Comment prendrait-elle la chose ? Lâchement, il fut sur le point de demander à sa femme de se charger de cette affreuse mission, mais il eut tout de suite honte de cette pensée. Il devait rester jusqu'au bout avec Miguel et avec Concha.

Malgré les conseils de ses supérieurs le planton se décida à pénétrer dans le bureau du commissaire. Il y fut mal reçu.

— Qu'est-ce que vous voulez ?

— Señor Commissaire, voilà la mallette qu'on a trouvée à la consigne de la estacion del Norte et le compte rendu de la table d'écoute que vous aviez demandé.

— Bon. Posez tout ça sur le bureau et fichez-moi le camp !

L'autre ne se le fit pas dire deux fois et, à ceux qui attendaient dans le vestibule, il déclara qu'il était préférable de ne pas venir ennuyer don Alfonso pour l'instant. Mais à peine avait-il fini de donner son opinion que la porte s'ouvrit devant le commissaire Martin et tous remarquèrent qu'il ressemblait à un très vieil homme. Ce fut d'une voix cassée qu'il interpella un de ses adjoints :

— Valerbe, téléphonez à ma femme pour lui dire que je ne vais pas tarder à rentrer, mais ne lui parlez de rien. Je lui annoncerai moi-même la mort de notre collègue... Je vais chez la señora Lluji.

Lorsqu'elle vit le visage de don Alfonso, Concha comprit que quelque chose de grave s'était passé. Sans presque oser prononcer le nom, elle demanda :

— Miguel ?

Doucement, il répondit :

— Je vais vous expliquer, doña Concha...

Ils gagnèrent en silence le salon comme si le mort marchait avec eux. Lorsqu'ils furent assis, la jeune femme aux traits tirés s'enquit dans un gémissement :

— Dites-moi, don Alfonso... Miguel... il est... mort ?

Il se contenta d'incliner la tête. Que pouvait-il raconter ?

249

— C'est Villar qui... qui l'a...?

— Oui.

— Vous... vous l'avez arrêté?

— Je l'ai abattu.

Elle soupira, délivrée.

— Ainsi, tout est fini?

— Tout est fini, doña Concha.

— Mon pauvre Miguel...

Il se leva et lui mit la main sur l'épaule.

— Je suis heureux qu'il soit mort.

Elle sursauta.

— Qu'est-ce que vous avez dit?

— J'ai dit que j'étais heureux de sa mort.

Elle le regardait, stupéfaite.

— Ce n'est pas possible... Vous, don Alfonso?...
Mais Miguel était votre ami? Votre meilleur ami?

— Mon seul ami et le dernier.

— Alors, pourquoi vous félicitez-vous de sa mort?

— Parce qu'ainsi il n'a pas su que c'était sa
femme qui l'avait tué.

— Quoi?

— Calmez-vous, doña Concha. J'avais fait brancher la table d'écoute sur la ligne de Villar et nos
services m'ont apporté le texte de la communication
qu'il a reçue au moment où Miguel allait l'appréhender. Faut-il vous redire ce qu'elle annonçait
cette communication, doña Concha? Je la sais par
cœur : « Attention, don Ignacio, l'inspecteur Lluji
est en route pour vous tuer. » Et cette communication venait d'ici, doña Concha. Qui donc autre que
vous aurait pu la passer alors que mes inspecteurs
ont reconnu une voix de femme?

250

Elle s'était laissée retomber sur sa chaise.

— C'est abominable ce que vous dites... Pourquoi, mais pourquoi aurais-je cherché à faire tuer Miguel qui m'aimait?

— Parce que vous ne l'aimiez pas. C'est Paco Volz que vous aimiez et vous avez rendu Miguel responsable de sa mort au même titre que les autres... les autres que vous avez assassinés, doña Concha.

Il montra la mallette qu'il avait apportée et l'ouvrit. Il en sortit une robe.

— Vous la connaissez, n'est-ce pas? En tout cas, moi je me souviens de vous l'avoir vue porter... Allons, terminons-en : où est le couteau? Et le costume?

Sans grande conviction, elle chuchota :

— Je ne comprends pas...

— Je vous ai promis, en entrant, que je vous expliquerai... Vous étiez la maîtresse de Paco Volz. Ce qu'il vous apportait? Je n'en sais rien, peut-être la promesse d'une seconde jeunesse. Vous en avez voulu à Miguel quand, en dépit de mes objections, il a lancé Paco contre Villar. Lorsqu'il a été prouvé, par le macabre colis que vous avez reçu, que Paco avait été assassiné, vous avez confondu dans une même haine Villar, Miguel et les tueurs. Vous avez feint d'épouser la querelle de votre mari. Vous avez tout fait pour le compromettre, pour me faire croire que c'était lui qui tuait. Vous frappiez vos victimes au ventre parce que vous saviez quelle blessure avait mis fin aux jours du père de Lluji et vous pensiez, avec juste raison, que cette coïncidence ne pouvait manquer d'attirer mon attention. Sitôt que Miguel était lancé sur la trace de ses adversaires, vous sortiez et vous alliez à la estacion del Norte vous changer dans les toilettes. Une jeune femme y entrait, un jeune homme en sortait et vous déposiez à la consigne le vêtement que vous repreniez votre œuvre accomplie. Je ne sais s'il y a une gardienne, mais s'il y en a une, vous avez dû lui raconter que votre déguisement était nécessaire pour vous rendre auprès de votre bien-aimé. Nous aimons tellement l'amour en Espagne que nous sommes toujours prêts à croire n'importe quelle fable ayant l'amour pour sujet. Mais en vous empoignant avec Gomez, vous avez perdu votre bulletin de consigne. Pendant que votre mari allait attendre Ribera chez lui, vous, vous assassiniez Ribera et si je n'avais pas connu Lluji comme je le connaissais, j'aurais cru à sa culpabilité. C'est ma femme qui vous a donné les cachets destinés à faire dormir votre époux pendant que vous vous rendiez chez Miralès et que vous le tuiez. Pour Puig, la chance a été avec vous. Mais vous n'étiez pas pressée et si vous l'aviez manqué cette nuit-là, vous seriez revenue. Au cas où votre mari se serait aperçu de votre absence, vous auriez toujours pu dire qu'inquiète sur son sort, vous l'aviez cherché. Quant à Gomez, c'est Miguel lui-même qui vous a mis au courant lorsque je lui ai téléphoné. Il me l'a dit. Le premier soir où Lluji s'est rendu au cabaret, ce n'est pas pour le sauver que vous m'avez téléphoné, mais pour le prendre en flagrant délit, car vous pensiez bien qu'il allait tuer Villar. En alertant Villar, tout à l'heure, vous espériez qu'il tuerait Lluji et ma présence vous assurait qu'il serait condamné pour meurtre. C'était atrocement bien joué, doña Concha, et, sans la table d'écoute et le bulletin perdu, vous vous en sortiez. Allez me chercher le couteau et le costume, maintenant.

Elle se leva lourdement sans mot dire et gagna le placard où elle rangeait ses affaires. Don Alfonso l'avait suivi. Elle lui remit le couteau qu'il prit à travers son mouchoir et le costume de Paco dont elle s'était servi. Il enferma tout dans la mallette. Puis, ils se regardèrent tous les deux, sans haine, mais avec une profonde tristesse. D'une voix morne, elle tenta de lui faire comprendre :

— Ce n'était pas agréable de vivre avec Miguel. C'était un homme sans jeunesse de cœur et qui a tué ce qui me restait de la mienne. Je me résignais à cette tristesse lorsque Paco est venu. Lui, il riait tout le temps. Il m'a fait la cour, ce que personne n'avait jamais osé. Il m'a dit des mots que je n'avais jamais entendus. Je l'ai aimé. Il m'a aimée. Nous nous étions juré de partir ensemble pour l'Amérique du Sud pour refaire notre vie et puis, ils l'ont tué... Pour moi, tout était fini. Je ne pouvais plus espérer rencontrer un autre Paco et je ne l'aurais pas voulu. En le vengeant, c'était la preuve de ma tendresse que je lui donnais. Ce n'était pas moi, mais lui qui à travers moi frappait tous ces hommes. Je haïssais Miguel parce que, sans lui, Paco ne se serait pas lancé dans cette aventure, sans lui il ne serait pas mort et nous aurions été heureux...

Elle se tut. Elle n'avait pas cherché à s'excuser. La sueur perlait aux tempes de don Alfonso, car il savait qu'il allait peut-être commettre un deuxième crime. Gentiment, amicalement presque, il dit en posant sur la table l'arme qu'il avait tirée de sa poche :

— Voilà le revolver de Miguel, doña Concha... Lluji n'aurait pas supporté que sa femme passât en cour d'assises... Je viendrai vous arrêter vers midi... *Adios!*

Toujours prostrée, elle ne répondit pas. Alors, lorsqu'il fut sur le point de sortir, il se retourna :

— Il faut que vous sachiez... Vous avez tué Miguel pour rien...

Etonné, elle releva la tête.

— ... Votre Paco était un petit voyou... Tout ce qu'il vous avait promis, il l'avait promis à une autre femme dont il était l'amant... C'était votre argent et votre argent seulement qu'il voulait.

Elle hurla :

— Ce n'est pas vrai !

— Je vous en donne ma parole d'honneur, señora.

Et il referma la porte derrière lui.

Sur le seuil de la maison, don Alfonso ne prêta pas attention aux salutations de la concierge et il s'éloignait lorsque l'écho d'un coup de feu le figea sur place. Il se retourna et vit la concierge, le visage décomposé par la peur :

— Qu'est-ce que c'est?

— Un coup de feu.

— *Madre de Dios!* Et d'où ça vient?

— Suivez-moi !

Ils grimpèrent les escaliers aussi vite qu'ils le pouvaient, croisant sur le palier les locataires qui s'interrogeaient anxieusement. Devant la porte des Lluji, Martin essaya vainement d'ouvrir.

— Vous avez votre passe?

La concierge le lui tendit en tremblant. Il entra suivi des autres, ne se préoccupant pas de leur curiosité. Concha était tombée à l'endroit même où il l'avait laissée. Elle tenait dans sa main crispée le revolver de Miguel. Elle avait appuyé le canon de l'arme sur sa poitrine. A la vue du cadavre, toutes les femmes se mirent à hurler et à gémir. Elles invoquaient le Seigneur, sa Mère et tous les Saints, s'interrogeant sur ce qui avait pu pousser une femme aussi bien que la señora Lluji à un pareil geste. La concierge s'adressa à don Alfonso :

— C'est pas de chez elle que vous descendiez, señor?

— Si... J'étais venu lui annoncer la mort de son mari tué en service commandé.

Les cris et les gémissements reprirent de plus belle. Ce fut encore la concierge qui devait résumer la situation. Réclamant le silence, elle annonça d'une voix solennelle :

— Si vous voulez mon idée, la pobrecita, elle s'est détruite parce qu'elle n'a pas pu se faire à l'idée de vivre sans son mari, et c'est pour ça que le Seigneur lui pardonnera !

Le commissaire soupira : il attendait que cette phrase fût prononcée. Les autres approuvèrent avant de se retirer en silence. Don Alfonso et la concierge restèrent seuls.

— Vaut mieux que je touche à rien, n'est-ce pas?

— Il vaut mieux, en effet. Je vais faire le nécessaire.

La porte refermée, ils redescendirent côte à côte.

— Vous pensez qu'on les enterrera ensemble?

— Je ne sais pas.

— Ça serait à souhaiter parce que deux qui s'aimaient mieux que ceux-là, j'en ai jamais vu!

FIN

IMPRIMÉ EN FRANCE PAR BRODARD ET TAUPIN
7, bd Romain-Rolland - Montrouge - Usine de La Flèche.
ISBN : 2 - 7024 - 1429 - X

H 31/0620/0